獻給

與我一起走過安息之旅的

妻子 Tracy

女兒說澄

安息行旅

物慾都市下的另類生活態度

趙崇明 著

基道出版社

▼

安息行旅

物慾都市下的另類生活態度

作者
趙崇明

責任編輯
梁冠霆

裝幀設計
奇文雲海 · 設計顧問

■

出版 / 發行
基道出版社
香港沙田火炭坳背灣街 26 號富騰工業中心 10 樓 1011 室
LOGOS PUBLISHERS
Unit 1011, 10/F, Fo Tan Ind. Centre, 26 Au Pui Wan St., Shatin, Hong Kong
電話：(852) 2687-0331　傳真：(852) 2687-0281
網址：https://www.logos.com.hk

承印
陽光（彩美）印刷有限公司

●

6/2009 初版
Cat. No. LP922B
ISBN: 978-962-457-378-7

Printed in Hong Kong

本書圖片由以下三位拍攝及提供，承蒙允許使用，特此鳴謝：
Angus Fung（頁 xiii, xvii, 1, 14 ～ 15, 39, 94 ～ 95, 206, 214 ～ 215, 266 ～ 267）；
Botan Leung（頁 146）；馬正雄（頁 182 ～ 183）。
頁 48 ～ 49, 72, 77, 82, 85, 128, 136 ～ 137, 158 ～ 159, 244 ～ 245 之圖片，則由趙崇明博士提供。

刷次	12	11	10	9	8	7	6	5	4	3
年份	2032	2031	2030	2029	2028	2027	2026	2025	2024	2023

蔡序

趙崇明的作品，展現出不同的本土生活、視野和心靈世界。說趙崇明的關懷是文化的、社會關懷的、神學的，都有一定的準確性；但最準確的，可能是文章中的人道和靈性，予人一種十分親切的感覺。

他那些丟棄說教味道的陳述，並不是憑空想像或自我的表達，而是融和的，好像一幅書法；自然的，默默融入；又好像一個注目的眼神，有情有理的凝望人間。

書的內容好像充滿信息的世界，又像寂聊無聲的曠野。當中有宗教、美的學問、城市的回憶、默觀、簡樸、反消費文化等內容。表達形式方面則有講章、文化體驗、小說閱讀、電影、城市、人物等。立足本土，趙崇明注目的有赫舍爾（Abraham J. Heschel）、梅頓（Thomas Merton）、老子、莊子、康德（Immanuel Kant）、張曼娟，還有侯孝賢和其他導演等。

看他的書，看得有味道，亦有親切感，發覺他原來也可以很直接的。不錯！他寫國際影展上得獎的韓國電影《密陽》（*Secret Sunshine*）：

> 我們的福音何時變成只供人精神寄託或麻醉用的屬靈軟性毒品？……就好像電影中藥房夫婦……一樣，將「信耶穌得平安得喜樂」這福音當作止痛藥來硬銷和兜售。如果《密陽》要反（或批判）的是如此的宗教、如此的福音，則反又何妨……《密陽》反而可以被視為要我們反思福音真義和反省信仰的一部真正有深度的「福音電影」。（參頁167；頁碼為本書頁碼，下同）

我想：他若說得再大聲一點，便會惹麻煩了！他不怕麼？

我沒有看過《密陽》，但追求增長的香港教會，有時真的會銷售廉價的福音，教會中人這種「政治正確」的思想早已成形，要改正並不容易，但起碼有人去喚醒沉睡的羣眾。而趙崇明做到了。

另一套電影《藍莓之夜》（*My Blueberry Nights*）則對時間非常敏感與執著，「時間不是實物，似有還無，我們只能捕捉生命存在的時間感……」（參頁170）人際關係疏離，彷彿在片斷破碎中活著……

我第一次強烈的感到人與人的關係其實十分疏遠，是在某次派對後回家的路上。當時我還未信耶穌。那年的十二月，我與幾個夜遊人在中環無聊的閒蹓，忽覺人生的無常。使我感到更凄涼的，是多年後看畢奇斯洛夫斯基（Krzysztof Kieślowski）的電影《藍》（*Three Colours: Blue*）所帶給我的那份哀傷。當生命在失去與孤單中強要抓緊一瞬即逝的光芒，卻竟彷彿找不著倚靠的那種強烈的無助感，使人忽然醒悟生命如捕風的真義。

他寫東西方的對話，似乎將道家的坐忘與基督教的默觀並列：「基督徒在靜觀中同樣要經過『黜聰明』和『去知』之途，同樣要經過『無知』的洗禮，才能『同於大通』而得著『真知』，才能與上帝的道相契合。」（參頁201）但基督教默觀的想法是以上帝為中心和起點的。

我曾深受唐君毅的《人生的體驗》吸引，也喜愛莊子的〈逍遙遊〉。但我比較熟悉的是基督信仰中的默觀。道家的去知和無知是否如《不知之雲》（*The Cloud of Unknowing*）在宗教經驗上或有相似之處？但默觀者的真知並非求知，而是求能與上帝常在一起，這一點他必明白。宗教對話是需要的，他的眼界和學問開始走向感通共融，卻仍堅守神學立場，這是值得欣賞之處。

書中不少篇幅談到「安息」。他說赫舍爾的《安息日：其對現代人的意義》（*The Sabbath: Its Meaning for Modern Man*）一書是針對現代人對擴張物質空間的慾望和對空間的膜拜而寫的。我十分認同這個觀點，並多謝他推介這部作品。

赫舍爾在書中擲地有聲地提醒現代人：「當對空間的操控，對屬於空間的物件之渴求成為我們惟一的關注的時候，生命就會走上歧途。」（參頁60～61）

赫舍爾的《安息日：其對現代人的意義》的重要性，在於其指出安息並不是一個地域觀念。安息和時間以至於永恆，才是息息相關的。因此，安息不單神聖，更指向自由。由此帶出莫特曼（Jürgen Moltmann）的觀點：「這裏所講的『自由』包括兩方面：第一，從創造主的角度來說，是歇下工作回歸自己的自由，當然並非回歸一種沒有被造世界只有自己的自由，而是一種既在被造世界之中而又能抽離被造世界的自由。第二，從被造世界的角度來說……在安息日中，上帝透過『歇下』（free from）這個動作，令世界被賦予一種在上帝面前成為世界自己的自由，亦是讓萬物體驗及實現萬物之真正在其自己之自由。」（參頁259～260）他透過唐慕華（Marva J. Dawn）、盧雲（Henri J. M. Nouwen）、莫特曼和赫舍爾來傳遞這重要的信息；盧雲談回家與死得其所當然十分精彩，但箇中高手仍然是赫舍爾和莫特曼。

他說城市的故事，不像帶旅行團的人，因為他談灣仔、旺角與深圳，都達畫龍點睛之效。灣仔、旺角與深圳等地方，我最熟悉的當然是旺角。他說：「這些閣樓書店有時也會定期舉辦一些讀書會或專題講座，有一次坐在「序言書店」近街的玻璃窗旁，一面聆聽馬國明講解本雅明（Walter Benjamin）的思想，一面欣賞玻璃窗外逛街的行人和旺角的城市風貌，自然想起本雅明筆下巴黎拱廊裏和街道上的都市遨遊者（*flâneur*）……」（參頁86）

我曾經住在亞皆老街附近，從住處走到「舊伊館」或西洋菜街也不過五、六分鐘；我也經常到閣樓書店。他以上的形容，讓我想起一個真正的讀書人不單讀書，也閱讀生命與世情。思想本來就不單是言語，也不是書本的知識；而是格式塔（Gestalt）的透視，原來他自小便這樣訓練自己整全地閱讀人生。

難怪他在書中會討論言說：「人不可能只有沉默而沒有言說，言說根本就是人的本性。因此，放下了由人的言說主導一切的霸權的同時，就需要讓上帝之言填滿心靈的空間，聆聽上帝之言，反過來讓神言閱讀和詮釋人言，何況人本應就是聆聽上帝之言、遵從上帝命令的存有。故此，由人言進入寧靜，從靜默再通向神言，讓上帝的道親自向靜默中的人言說，惟有安息於此，才能孕育真正的人

性。」（參頁240）

讓人自由的經歷上帝，不再單由經訓註疏入手，這和改革宗傳統的教導也有點距離，但與靈修傳統中的安靜默想接近。的確，發言的是上帝、呼喚的也是上帝；感動的靈隨祂的意思吸引、感召，我們就只管聆聽罷，但卻不能安息於此。神學家能明此理的不少，但從他的作品中，我已看出他的慧心——是求生命安頓於上帝多過急於表達。

基督信仰的作品不都是硬銷的宣傳品，因為信仰不單是宣告，更是要宣告生命的聯繫（connection）。在〈平穩安靜的童心：詩篇一百三十一篇1至3節〉中，他說：

> 詩人在描寫那顆平穩安靜的童心的時候，特別強調是斷過奶的孩童的心，這顆童心不但不會好像「Kidult」般拒絕生命的成長和成熟，相反，斷奶是孩童生命長大成熟和經驗獨立的成長過程，而且是一種徘徊於獨立和依賴、分開和親密的經歷中如何平衡和如何取捨的成長過程。（參頁144）

靈修的精粹，在於單純而不自欺的童心。論童心的作品，除了肯定童心的重要性之外，更要留意到童心被污染或變得遲鈍的危機。我特別喜歡他用徘徊和獨立來說明這個道理。因為有童心或保持單純的人，他們會有更多考慮，他們會更孤單。在未能完全獨立時，他們要倚靠上帝，並心存謙卑。

趙崇明是博學的嗎？我寧願說他涉獵廣、向度多，但他不是抄襲，他有屬於自己的獨特性，他以基督的眼光看世界，他語重心長所表白的，就是豐盛的福音。他不包裝、不煽情、他充滿人性、他以敍事突破語言媒介；他嘗試將語言純淨，他盼望他的語絲帶出一份閑適，並將豐富的閱讀、聆聽、默觀及一種真正的基督徒價值觀，在傾向高舉思想及語言物化的世代，以寫作來架構一道將「物化的現實世界」和「心靈的現實世界」連起來的橋，這不正就是「connection」嗎？

潘霍華（Dietrich Bonhoeffer）一直是福音派推崇的神學家，最近炙手可熱的則可能是侯活士（Stanley Hauerwas）；趙崇明和他們的激進與尖銳是有多少距離的。但書中對基督的門徒及教會羣體在神學、品格倫理方面的反思，以及在個體及羣體方面的平衡參與上，都帶來啟迪。他的論點不故作新奇，是訴諸道德勇氣而非規條，是認定安息崇拜乃敬虔之本而非食古不化。

他不是為入世而入世。這書是城市人趙崇明對城市的直觀與感受，也是在這個城市輝煌面貌的時代中為華人教會的方向定位的佳作。他邀請你「學會從眼目的情慾轉向聆聽隱匿的他者的聲音，並從看得見的城市中尋覓隱匿的文化歷史廢墟。」（參頁78～79）

蔡貴恆

目錄

Contents

蔡序 v

導言

休閑，文化的基礎；安息，信仰的根源 2

壹 生活．品味．閑適

從有閒階級的炫耀性休閑到布波族的生活品味 16

唐慕華：守安息日是一種生活態度 30

《天地有大美》 40

貳 城市空間．時間

創造主的作息時間：創世記一章至二章3節 50

赫舍爾：安息日使存在在時間中成聖 57

《曼調斯理》 73

灣仔的時空失序 77
旺角的馬賽克城市風光 83
深圳——肉身性消費休閑的翻版城市空間 88

叁 曠野．行旅．回家

曠野．安息．退隱：馬可福音一至三章 96
人生作息之旅：出埃及記十六章至十七章7節 104
盧雲：安息是回家的靈修行旅 111
《東京物語》：走過旅途上沒趣的忙 129

肆 簡樸童心

平穩安靜的童心：詩篇一百三十一篇1至3節 138
《童年往事》：回憶．生死．鄉愁 147
《孩子你慢慢來》 152

伍 傷逝．尋愛．情聚

《密陽》下的陰霾 160
《藍莓之夜》：咫尺天涯的成長旅程 168

《物以情聚》+《味道／聲音》 174

陸　坐忘・放下・逍遙
莊子逍遙遊的閑適境界 184
《大宗師》與《不知之雲》的坐忘 197
《臥虎藏龍》的矛盾人生 207

柒　禪意・靜默
閑靜自在悟菩提：禪宗的靜修與頓悟 216
言說與靜默：創世記與梅頓著作的靈閱札記 228

捌　安息・終成・自由
安息日使人得自由：約翰福音五章1至18節 246
莫特曼：安息是創造的完成 252

後記
閱讀、書寫、思考與實踐安息 268

導言

休閑，文化的基礎；安息，信仰的根源

休閑是文化的基礎

「休閑」（leisure）的希臘文是 *schole*，拉丁文則是 *scola*，兩者都跟英文「school」（學校）這個字有關，而學校就是教育和傳遞文化的場所。[一] 希臘人又喜歡用 ***arete*** 一字來表達希臘文化的理想，這字通常意指人的美德（virtue）和靈魂的高尚。事實上，在古希臘哲學家如蘇格拉底（Socrates）和亞里士多德（Aristotle）的心目中，文化和教育其中一個很重要的目標，就是學習如何成為一個道德的人，他們關心的是人生有何意義、有何目標這類重要的問題。由此看來，休閑和文化（教育）似乎存在不可分割的關係。正如古德爾（Thomas L. Goodale）和戈比（Geoffrey Godbey）所言：「休閑正是真、善、美的一個組成部分；事實上，休閑同知識、美德、愉快與幸福是不可分離的。」[二]

當代一位天主教哲學家皮珀（Josef Pieper），正是主張「休閑」是整個西方文化發展的基礎。他的《閑暇：文化的基礎》（*Leisure: The Basis of Culture*），幾乎是研究休閑必讀的著作。皮珀指出，「休閑的真正核心所在是『節日慶典』。」[三] 因為在節日慶典的活動中，可以體現下列三個元素：「輕鬆、不賣力以及『閑暇創造』取代『功能』的優勢。」[四] 而節日慶典活動的源頭，就是敬拜神的崇拜儀式。在皮珀心目中，休閑跟宗教有關。同時，他又從神聖的禮拜和節日慶典談到宗教與文化的關係，他既留意到宗教崇拜儀式（cult）這英文字跟文化（culture）一字有關；又肯定宗教是西方文化形成之基礎。如果休閑的核心是宗教，而宗教又跟西方文化之形成有關，則休閑自然就是構成西方文化的重要基礎了。

休閑是人生的目的

也許不少人認為，工作是人類賴以生存及導致社會文明進步的必要條件，何況在現今資本主義主導而充滿競爭的社會裏，「工作」和「生產」更加成為現代人的核心價值，一般被視之為人生最重要的奮鬥目標。基於此，工餘的「消閑」

生活，則被視為「大忙人」在肉體和心靈上得到渲洩、放鬆、調節、甚至解放的手段，以致能「重新得力」，再投入忙碌的工作。說到底，工作才是人生的目標，休閑只是為更有效工作這目的而設立的手段而已。

然而，皮珀卻持相反的意見：「閑暇並不是為了工作而存在。」[五]古希臘哲學家亞里士多德也曾這樣說：「我們閑不下來，目的就是為了能悠閑。」[六]「閑不下來」就是指忙碌的工作，但工作只是手段，悠閑才是工作的目的。他在另一處又說過：「一切事物都是圍繞著一個樞紐在旋轉，這個樞紐就是閑暇。」[七]閑暇不但是工作的目的，更是人生一切事物的焦點所在。正如葛拉齊亞（Sebastian de Grazia）說：「休閑生活只屬於希臘人。」[八]希臘文化為我們確立了休閑作為人類生活的理想，休閑本身是要讓人體驗人的存在；在休閑中，我們才能體悟人生的真諦，學習如何邁向人生真正有價值的目標。

亞里士多德可說是最多談及「休閑」的一位古希臘哲學家，甚至被稱為「休閑之父」，[九]尤其在《尼各馬可倫理學》（*Nicomachean Ethics*）和《政治學》（*Politics*）中，他闡述了甚麼是快樂、幸福、休閑和安寧的生活。在亞里士多德的心目中，倫理學和政治學彼此關連；前者關心的是個人的幸福，後者關心的是集體在社會中幸福的生活，兩本書提出了相同的問題：幸福如何達致？他認為達致幸福最主要的方法就是教養培育人的美德，而一個靈魂高尚、有美德的人，也必然是一個合乎中道、有節制的人，這種節制的美德，就是在一種休閒和安寧的生活中長時間慢慢培育出來的。〔十〕

閑暇不等同消費

由過度工作和過度生產而帶來的過度消費，已經變成現代人的人生目標，而並非作為實現休閑理想的手段。

反觀現代社會，不少人誤將閑暇等同消費。然而，消費主義高舉的卻是享受消費購物那一刻帶來的快感，消費者擁有消費品只是為了在即時的使用上滿足感性的慾望而已，這只是一種來得快、去得快的感性消費經驗。故此，消費主義的任務，就是如何不斷地將人的慾望無限地延續下去。由此可見，這種消費主義式的縱慾生活，帶來的只是短暫的歡愉，由過度工作和過度生產而帶來的過度消費，已經變成現代人的人生目標，而並非作為實現休閑理想的手段。跟亞里士多德所主張的——以培育休閑節制為目標的這種幸福人生——實在是背道而馳。

休閑與哲思，安息和默觀

皮珀在討論宗教與休閑的關係時，曾引用聖經中安息日的觀念來加以説明：「從工作中休息乃是一種崇拜儀式：某些特定的日子或時間乃是特別專為上帝而保留。」〔十一〕他認為休閑的真正核心所在跟宗教的節日慶典和崇拜禮儀有關，在這些宗教節日慶典和崇拜裏，人要放下工作，進入休閑的狀態。而且節日慶典和崇拜禮儀最大的功能，是幫助宗教的崇拜者以有別於日常生活的方式，一方面去體驗和世界融為一體的和諧感覺；另一方面則去經驗非功利性的施予，因為節慶和崇拜禮儀活動的重心是「犧牲」二字，而犧牲必然是一種自願付出、不計較利益、不求回報的行為，這些都是在講求功利的工作世界裏很難實踐的。〔十二〕

皮珀的《閑暇：文化的基礎》，其中一個寫作目的，乃是針對以康德（Immanuel Kant）為代表的理性主義和批判哲學，究竟康德哲學和休閑有何關係？由於康德主張現象界的知識不是被給予的，而是理性主動對感官印象進行加工而得到的成果；就皮珀所理解，康德會下這樣的結論：「認為所有的認知活動，當然也包括哲學……皆是一種工作形式的展現。」〔十三〕因此，皮珀批評康德的知識論過於強調人為主動的努力，人若要獲得知識，便要筋疲力竭、費盡心神地進行腦力勞動，結果就是可能將所有活動（包括文化思想的活動）都變成勞動或工作，而且逐漸製造一種拚搏努力和工作至上的價值觀。由於受到以康德為代表的這種哲學的影響，人的努力勞動或工作逐漸成為西方文化的基礎。〔十四〕

然而，皮珀還強調我們不應忽略西方文化中另一重要的哲學傳統。他指出，根據古代人的理解，人類心靈的認知能力，實離不開理性（*ratio*）和理智（*intellectus*）兩種合而為一的智力；康德所推崇的，只是理性的認知能力，而理智卻是「簡單直觀」（*simplex intuitus*）的觀看活動。如果理性思考可看為勞累和壓力，則理智直觀基本上是被動的、是接受性的，可看成是不勞累和輕鬆擁有的，以理智直觀真理，就好像風景展現在眼前，一覽無遺。〔十五〕事實上，古希臘哲學家如赫拉克利特斯（Heraclitus）、柏拉圖（Plato）、亞里士多德和中世紀神哲學家如亞奎那（Thomas Aquinas）都對這種理智本質直觀的能力持肯定的態度。因此，皮珀主張真正的哲學必須包含理智直觀式的沉思。

就著皮珀所理解，上述這種強調接受性的直觀更與基督教靈修傳統裏的默觀（contemplation）息息相關，他甚至認為如果要使人類社會趨於完美，就必須要過默觀的生活。因為默觀是一種靈光乍現般的真知灼見，是認知的最偉大形式，同時也是人性的最高形式。〔十六〕如果理性思考可看為人主動的努力和勞累的腦力工作，默觀則可看為「一種非主動性的且是純然由觀看去領受的要素，這種要素並非依賴於我們人性本身而存在。」〔十七〕就此而言，默觀是「一種饋贈，不必經過努力，而且亦無任何困難。」〔十八〕它推崇的是一種接受施予和恩惠的價值，那恰好是現代工業社會和資本主義社會——所崇尚的是件拚搏努力和工作至上的文化——逐漸失落的價值觀。

皮珀又指出，在規劃完美的工作世界裏，真正的自由注定很難存在。然而，默觀乃跟自由的藝術有關。何謂自由的藝術？如果工作的意義或價值在乎它的實用性、效益性、目的性和所能實現的社會功能，自由的藝術剛好相反：「自由的藝術之所以稱之為『自由』，主要還是因為其中並不牽涉目的的要素，它並不為社會功能或是『工作』的制約而存在。」〔十九〕自由的藝術的價值，正正在於它的無用、不計算效益和目的。談到自由的藝術，皮珀對哲學也有這樣的評論：

> 哲學可說是「無用」的……哲學並不是為了被拿出來做甚麼用途而存在，哲學只為自身的目的而存在。因此哲學不是一種功能性的認知活動……本質上並非「有用」，然而卻是「自由的」……長久以來，哲學一直都是所有自由藝術中最為自由的一門學科。〔二十〕

就著兩者都具備自由的藝術之上述特質而言，可以說哲學上的沉思和宗教信仰上的默觀，在本質上其實分別不大。

既然如此，接下來便可以進一步談到哲學和默觀兩者跟休閑之間的關係。上文提過，亞里士多德可說是最多談及「休閑」的一位古希臘哲學家，他認為人的幸福就是在一種休閑和安寧的生活中長時間慢慢培育出來的。事實上古希臘哲學家（以蘇格拉底為代表）普遍地認為，美德緣原於智慧，惡行乃出於無知，所以哲學沉思一般被視為重要和神聖的活動。但那些忙於工作和勞動的人則沒有時間沉思，陷溺於物質慾望而有所慾求的人也不可能專注於哲思的活動，惟有真正休閑的人才能做到。由此可見，在希臘人的心目中，肉身的休息和物質的娛樂並不是休閑最重要的內涵，休閑卻是在哲學的沉思中實現人性的一種精神活動。同樣，信徒也需要歸回安息，在安息的寧靜和專注中沉思信仰、默觀上帝。皮珀指出一項事實：「早期基督教教義中有關『默觀生活』的思想，正是從亞里士多德的閑暇觀念得到啟發而建立起來的。」〔二一〕如果日常實務性的工作代表的是「有用」的活動，休閑中的哲學沉思和安息裏的信仰默觀則為「無用」的存在。不過，後者卻是回歸本真生命獲得心靈自由的途徑，其「無用之用」乃在於能幫助我們觀照真理和人世間的美善。

在休閑與安息中回歸真我

在基督教的傳統裏有七宗罪，懶惰是其中之一。皮珀指出，在古代「懶惰」（拉丁文是 *acedia*）原來含有特別的意義：

> 克爾愷郭爾（Søren Kierkegaard）曾經這樣說，*acedia*（懶惰）是一種「軟

「懶惰」最深層的目的可能是想擺脫自己，就這目標而言，原來「懶惰」和「工作」竟然是盟友。

弱的絕望」，意思也就是說，一個人「絕望地不想做他自己」。從形上神學的觀點看，懶惰的意思指的就是，人不肯和他自己的存在相符，一個人在他自己的一切努力活動背後，他想脫離自己。〔二二〕

「懶惰」最深層的目的可能是想擺脫自己，就這目標而言，原來「懶惰」和「工作」竟然是盟友。因為事實上不少人透過不眠不休的工作狂熱去麻醉自己，逃避面對真我。皮珀亦曾這樣定義「休閑」：「當一個人和自己成為一體，和自己互相協調一致之時，就是閑暇。」〔二三〕如此說來，有工作狂的人跟懶惰的人可能分別不大，都是不能體驗「休閑」的真意。由此可見，懶惰的反義詞不是拚搏地工作，而是休閑。

正如上文提過，休閑與安息本身就是人生的目的。如果「休閑」與「安息」涉及的是一種人類存在的理想狀態，其目的就是要讓生命得以享受和體現人生真正的閑適與自由，以致讓我們能夠回歸人性根本之處，使生命活得更有意義，使人類文化孕育得更有深度和更多采多姿；那麼，「休閑」與「安息」代表的就是某種人生哲學及宗教信仰的文化精神，當然它們絕對並非只是一種形而上的哲學或神學理念，卻是一種惟有從具體生活實踐（praxis）中才能體驗得到的人生智慧。

總而言之，皮珀主張，休閑這觀念乃是強調一種內在的無所憂慮、平靜、沉默、順其自然的無為狀態。休閑的態度要求不操縱、不干預、不攫取、不執著、自我開放、釋放自己，甚至達到忘情的地步。人也惟有以這種態度在休閑的寧靜和沉默狀態中，才能投入世界並順其自然地聆聽來自真實世界的聲音，甚至能聆聽來自上帝的真理。〔二四〕

註釋：

〔一〕事實上，「文化」一詞在希臘語中是 *paideia*，這詞就是日後「教學法」一詞的詞根。參古德爾（Thomas Goodale）、戈比（Geoffrey Godbey）：《人類思想史中的休閑》，成素梅等譯（昆明：雲南人民出版社，2000），頁 23。

〔二〕古德爾、戈比：《人類思想史中的休閑》，頁 34。

〔三〕皮珀（Josef Pieper）：《閑暇：文化的基礎》，劉森堯譯（北京：新星出版社，2005），頁 63。

〔四〕皮珀：《閑暇：文化的基礎》，頁 63。

〔五〕皮珀：《閑暇：文化的基礎》，頁 45。

〔六〕亞里士多德（Aristotle）：《尼各馬可倫理學》（*Nicomachean Ethics*）X, 7〔1177b〕。引自皮珀：《閑暇：文化的基礎》，頁 7。

〔七〕亞里士多德：《政治學》（*Politics*）3〔1337b〕。引自皮珀：《閑暇：文化的基礎》，頁 7。

〔八〕引自古德爾、戈比：《人類思想史中的休閑》，頁 22。

〔九〕見古德爾、戈比：《人類思想史中的休閑》，頁 25。

〔十〕參古德爾、戈比：《人類思想史中的休閑》，頁 27~30。

〔十一〕皮珀：《閑暇：文化的基礎》，頁 65。

〔十二〕參皮珀：《閑暇：文化的基礎》，頁 63~75。

〔十三〕皮珀：《閑暇：文化的基礎》，頁 14。

〔十四〕參皮珀：《閑暇：文化的基礎》，頁 26。

〔十五〕參皮珀：《閑暇：文化的基礎》，頁 15~16、20。

〔十六〕參皮珀：《閑暇：文化的基礎》，頁 17、25。

〔十七〕皮珀：《閑暇：文化的基礎》，頁 17。

〔十八〕皮珀：《閑暇：文化的基礎》，頁 25。

〔十九〕皮珀：《閑暇：文化的基礎》，頁 29~30。

〔二十〕皮珀：《閑暇：文化的基礎》，頁 93~94。

〔二一〕皮珀：《閑暇：文化的基礎》，頁 8。

〔二二〕皮珀：《閑暇：文化的基礎》，頁 36。

〔二三〕皮珀：《閑暇：文化的基礎》，頁 40。

〔二四〕參皮珀：《閑暇：文化的基礎》，頁 40~42。

壹

生活・品味・閑適

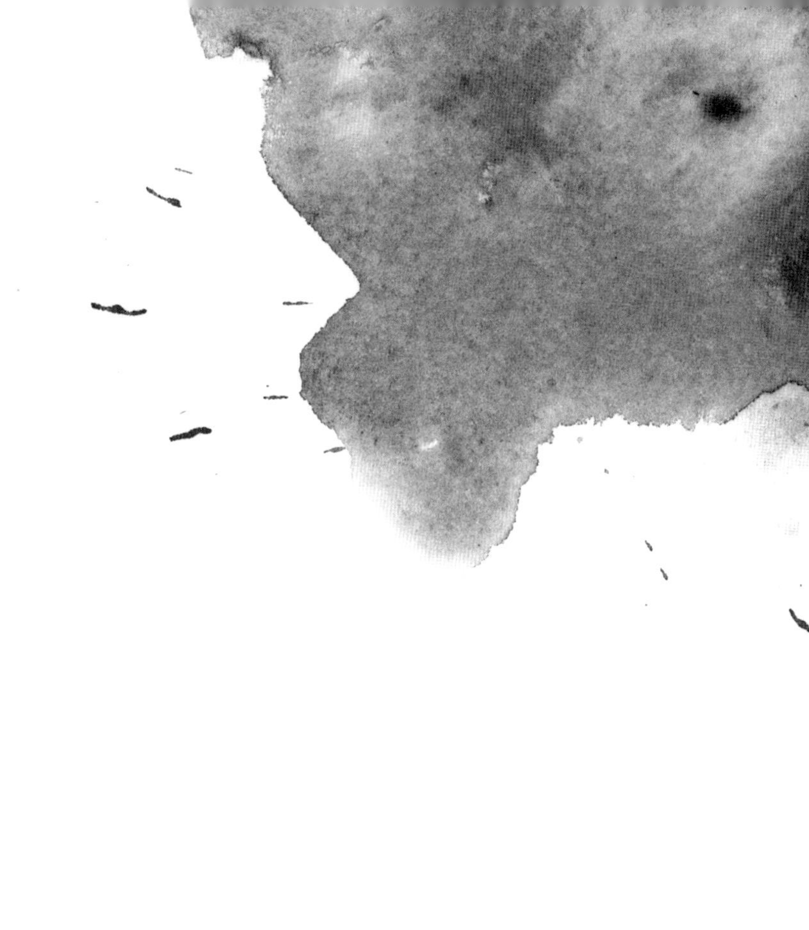

真正休閑的生活品味，其實是一個人整體生命由內到外的生活哲學、美學和信念的一種體現。

從有閒階級的炫耀性休閒到布波族的生活品味

凡勃倫（Thorstein Veblen, 1857~1929），美國二十世紀初期著名的經濟學家，他闡明了習慣、文化以及制度如何塑造人類行為，以及人類行為的變化怎樣影響經濟。其名著《有閒階級論》於一八九九年出版後立即造成轟動，並使他一舉成名。

引言

現代都市人（尤其是中產階級）多數將休閒還原為一種崇尚消費和品味的生活形態。因此，本文分別從凡勃倫（Thorstein Veblen）對「有閒階級」（leisure class）和布魯克斯（David Brooks）對「布波族」（Bobos）的研究，嘗試探討「消費」、「品味」與「休閒」之間的關係。

有閒階級的閒暇消費觀

凡勃倫在其名著《有閒階級論》（*The Theory of the Leisure Class*）中，主要探討社會階層跟休閒及消費文化之間的關係。他一直扣緊生產與財富這兩個重要的元素來分析「休閑」這課題，指出「有閒是非生產性地消耗時間」。〔一〕在凡勃倫的分析裏，很明顯將生產性的勞動跟休閑對立起來，前者一直被人厭惡和受人鄙視，認為勞動是沒有體面的事情。在古代的社會裏，勞動階層直接等同於低下（甚至奴隸）階層，上流社會內有身分有地位的人一定不屑從事任何生產性的工作或業務。休閑一般則受人尊重，令人嚮往，有閒的生活就是代表優質的生活，已被視為引證人們社會地位和聲望的一種工具或手段，也是他們身分的象徵，休閑是拿來炫耀自己的一種成就，凡勃倫稱之為「炫耀性閑暇」（conspicuous leisure），這跟現代社會鄙視不事生產的人和強調工作至上的文化有點不同。

不過單獨不勞動仍未能算是有閒階級可以向人誇耀的優質生活。於是不禁要問：有閒階級究竟如何炫耀自己的休閑生活是一種優質生活？或者說，凡勃倫所指的「有閒是非生產性地消耗時間」又是甚麼意思？原來有閒階級雖然不會從事生產性的勞動或工作，但並不等於閑暇時甚麼事情都不做，凡勃倫稱有閒階級正是在閑暇時間學習上流社會應有的社交禮儀、生活舉止和品味，這些就是非生產性的休閑活動。要學懂禮節，把這些都變成有教養的習慣，就非要通過長時

間的學習和訓練不可，因此這些非生產性的休閑活動必定是消耗時間的，也是每天要為口奔馳的勞動階層永遠無法實現的生活。〔二〕

如果要在社會上獲得相當的地位和聲望，首先必須累積相當的財富，然後透過不同的方法和手段向人展示自己的財產，名譽就會隨之而來。毫無疑問，有閒階級往往會透過奢華的消費生活，向人展示自己所擁有的財富。凡勃倫認為，他們這樣做的動機，無非都是想滿足其跟別人競爭的慾求，以致在消費上獲得一種勝人一籌的榮耀感覺。或者從另一方面來說，必須要符合社會對有閒階級所公認的消費生活水平的標準，否則就會被人比下去而遭人白眼。為了透過消費來炫耀財富，有閒階級便需要養成具有高尚品味的審美能力，這無疑又是一種「非生產性地消耗時間」的休閑訓練。〔三〕

凡勃倫認為，上述的金錢權勢同時也造成一種金錢美感，因為對有閒階級來說，愈昂貴愈值錢的消費商品或服務，通常會被認為愈有美感或愈有品味。久而久之，在心理上，他們便將高消費（以金錢衡量）和高品味自然地聯繫起來，當然這種跟財富有關的消費美學，背後依然離不開那種具有競爭性和歧視性的炫耀動機。〔四〕故此，有閒階級不會強調節儉是美德，也不會高舉簡樸自然就是美，他們甚至認為這些價值觀只會帶來寒酸和沒有體面的污名。相反，生活的美感（其實是榮譽感）是建立在浪費與奢華的消費之上，這是一種建基於浪費原則的所謂生活美學，即愈具有浪費性質的奢侈品，愈貴價，便愈有消費的美感，愈能表示有品味。而且，浪費與奢華的消費生活不但印證了消費者的財富實力，同時更反映了有閒階級那種不用倚靠生產性勞動來賺錢過活的休閑特性。歸根究柢，「炫耀性消費」（conspicuous consumption）和「炫耀性閑暇」是息息相關的。〔五〕

如果將凡勃倫的「有閒階級論」應用於一些在社會內短時間崛起的暴發戶身上，更能顯出他們在餘閑的消費生活中的炫耀性格。他們多數本來只屬於社會內的低下階層，但因著社會發展的機遇，以致在短時間內賺錢致富，這班新富便有經濟能力以花費來消磨時間。由於他們在心理上總是希望盡快貼近上層社會的生活方式，因此，最簡單的方法，就是透過消費來趨近或仿傚上層社會的生活方式和品味，例如，喜歡光顧名店及高消費場所，購買名貴和名牌的衣著服飾，往高級食肆用膳，駕駛名貴房車等。目的不外要向人顯示，自己的身分和社會地位已今非昔比。不過，這種「炫耀性消費與休閑」背後所牽涉的競爭與歧視性對比的動機，可能最終還是一種自卑心理的折射。

布波族是布爾喬亞式的波希米亞一族

布魯克斯寫了一本非常暢銷的書《布波族：一個社會新階層的崛起》（*Bobos in Paradise: The New Upper Class and How They Got There*）。他如此形容這個新階層：

> 這些高學歷的人一腳踏在創意的波希米亞世界，另一腳踩在野心勃勃和追求世俗成功的布爾喬亞領域當中。這些新信息時代的精英分子是布爾喬亞的波希米亞人，取兩者的第一個字，我們姑且稱他們為「布波族」。〔六〕

David Brooks, *Bobos in Paradise: The New Upper Class and How They Got There* (New York: Simon & Schuster, 2000)

本來布爾喬亞人（Bourgeois）和波希米亞人（Bohemian）所代表的是兩種對立的生活態度和消費文化，後者甚至是由於對前者的不滿而出現的一個反叛的文化階層。然而，在現代這個重視信息、創意和文化資本的知識型經濟社會裏，布波族卻似乎成功地將兩種對立的文化階級合而為一。它一方面注入了波希米亞人富浪漫感性和充滿創意品味的文化及藝術情調；另一方面，又不會否定布爾喬亞階級對組織秩序和經濟成就的崇尚。布魯克斯形容，布波族這一新精英階級所偏好的詞彙包括：「真實、自然、溫暖、簡樸、簡單、誠實、有機、舒適、手工藝、獨一無二、感性和真誠。」〔七〕因此，布波族可說是布爾喬亞式的波希米亞一族，一般具有較高學歷和專業地位，他們可能是坐在巴黎塞納河畔的露天茶座，一邊品嘗咖啡一邊閱讀文學或藝術雜誌的股票投資顧問。

布波族的休閑觀和生活美學

布爾喬亞階層主要透過工作來追求成就感和滿足自我實現的慾求，所以工作是人生最重要或最優先的事情，休閑生活一般只被視為對忙碌緊張和枯燥乏味的工作的調劑和補償，也許亦會藉著炫耀性的消費活動來作為身分認同的手段。

然而，對布波族來說，愈來愈傾向把工作變得更加人性化，他們努力將工作和享樂彼此融合，將創意和趣味帶進工作之中。〔八〕而且在後工業的社會裏，隨著工作時間與工餘時間的界線愈來愈模糊，工作與休閑的分野和主次關係亦愈來愈難確定，休閑逐漸地不再成為工作的附庸和手段，休閑本身已經具有很大的價值，休閑生活本身的重要性、質素和品味愈來愈受重視。在布波族的心目中，自我實現、追求卓越和提升個人生命質素（包括身體和心靈的健康），無疑是人生最重要的目的，他們相信休閑本身就已經具備達到上述人生目標的功能。〔九〕

因此，「健康至上」成為布波族休閑生活的重要原則和規範，他們一般都基於身體健康的理由而熱中於運動，而且願意在這些運動設施和裝備上花大筆金錢。由於布波族是基於健康的理由而參與和投入，個人興趣和其他因素還是其次，故此，並非任何運動項目都受歡迎，一般會按照醫護界的權威意見來作選擇的依據，例如，一些有助心肺功能的帶氧運動便愈來愈流行。由此看來，運動作為一種休閑活動，是為了達到健康這目的而存在的，不是真的為了休閑而休閑，休閑仍具有很強的實用性和功利性，在這一點上，布波族可謂保留了布爾喬亞階層那種務實的性格。

除了運動之外，他們也愈來愈重視日常飲食與身體健康的關係。在炫耀性的消費文化裏，也許會認為暴飲暴食、品嘗天下佳餚和各類名貴美食是人生一大樂事，也是身分的象徵。但布波族一定反對這種飲食文化，他們主張的是有節制和健康的飲食習慣，於是充分掌握各類食物的知識和飲食的學問，各類有機食品或健康食品愈來愈受歡迎；他們卻視高脂肪、高澱粉質、高鹽分和高卡路里的食物為洪水猛獸，每一位布波族都儼然成為好像很專業的營養學家。

布魯克斯指出，崇尚自由的布波族並非完全不受約束，只不過他們不會輕易接受來自宗教或其他外在權威的道德規範的約束而已。他們較接受自治，喜歡自我規範，而「健康至上」就是其中一個很重要的自我約束的規範原則，他們用健康的法則而非道德的法則來規範世俗的慾望。〔十〕

我們也許已經感覺得到，布波族有一種將休閑生活知識化的習性，這固然一方面跟他們擁有高學歷的教育背景和身處的信息時代有關；另一方面，則由於期望休閑生活能發揮提升生命質素（尤其是心靈質素）的功能所致。由此可見，休閑本身的價值其實仍然由實用的功能所決定。故此，休閑的知識化其實反映它始終服膺於「健康至上」（心靈健康）的原則。〔十一〕

以旅遊為例，由於布波族講求知識和品味，因此他們會將自己跟那些參加景點式觀光和購物消費的旅行團的遊客分別出來，他們認為後者太過庸俗，在他們心目中，惟有那些自由自在和悠閑寫意的知性旅遊，才是有品味的，而悠閑和自由是旅遊經驗的必備條件。他們亦樂於扮演旅遊專家的角色，高談闊論，就著他們搜集回來的旅遊資訊、經驗和心得，大造文章，以致布魯克斯稱他們為「旅遊吹噓者」。〔十二〕由於布波族一心想藉著旅遊生活來提升心靈質素，因此他們一般會想到要離開平時過慣的富裕物質生活，離開繁華的都市，去到不同文化的民族和窮鄉僻壤當中，體驗他們原始、平靜、簡樸、刻苦的生活。他們甚至刻意為自己設計和安排一些非常艱苦的所謂生態探險之旅，穿上名牌的戶外服飾，配備昂貴的遠足和登山裝備，攀山越嶺，深入不毛之地，讓自己暴露於大自然的威力之下以經驗受苦的感覺。他們甘心樂意將寶貴的假期和大筆金錢花在折磨自己的旅程上，目的不外是挑戰自己意志和能力的極限，感受生命，讓心靈不斷向上提升，最終還是以滿足自我實現的成就感為目的。〔十三〕

此外，將休閑生活藝術化或美學化，也可算是布波族的另一特色。回歸原始的自然主義和簡約主義，可說是布波族生活美學的重要原則，亦可透過此美學原則來彰顯他們的生活品味。上文提過的那種回歸自然、受苦的生態旅遊，其實恰好是藉此希望體驗和表現一種回歸原始的自然主義和「受苦就是美」的美學精神。

在飲食文化方面，由於布波族愈來愈注重健康和有節制的飲食習慣，於是有機食品和健康食品大行其道，而這些健康食品或飲料，例如糙米、天然酵母釀製的啤酒、有機大豆製的豆漿、含有各種穀類纖維成分較高的麵包、未經漂白提煉的天然砂糖等，都共同反映那種回歸原始的自然主義和簡約主義的美學原則。質樸粗糙、簡潔自然和輕便節制就是美。

賦閒在家，家也可以為我們締造一個寧靜舒適和自由自在的生活空間，我們可以按照自己的心意和個人風格設計自己喜歡的安樂窩。故此，布波族愈來愈重視自己的家居生活，因為他們所重視的自由和自主的休閒觀，正好能夠在家中體現出來。至於布波族的家居裝飾和設計，最能反映自然主義和簡約主義的生活美學。他們最不喜歡的，正是那些金碧輝煌的古典宮廷式的室內設計，以及精工雕琢、表面光滑亮麗的名貴家具裝潢。相反，他們喜歡一些比較簡潔自然和質感粗糙的設計和裝飾；亦偏好木製的仿古家具，有時甚至刻意在木製家具上加上凹陷或刮花的痕迹，或故意把牆壁或家具表面弄至油漆剝落和有點殘舊的感覺；或偏好民族特色較重的手工藝品。整體來說，就是製造一種回歸原始自然和懷舊的缺陷美。〔十四〕當然，布波族所推崇的家居生活美學，亦充分反映他們追求自我個性和個人創意品味的風格。

相對於以揮金如土的消費方式來炫耀自己身分的消費者來說，布波族明顯表現得含蓄和有教養得多。他們擁有一套充滿智慧的理財法則來指導他們的消費生活，以致在花費大筆金錢追求生活品味的時候，仍能給人錯覺，以為他們對物質生活一點也不在意。〔十五〕總括而言，布魯克斯認為，布波族「把最典型的布爾喬亞階級活動——購物，變成最典型的波希米亞活動——藝術、哲學和社會行動。布波族掌握著一種『點石成金』的能力。我們〔指布波族〕所觸碰到的任何東西和行為都會化為形而上學的東西。」〔十六〕

消費、生活品味與休閑

無論凡勃倫心目中的有閒階級也好，抑或布魯克斯所講的布波族也好，他們的休閑觀似乎都離不開「消費」和「生活品味」這兩件事情。有閒階級將金錢的價值等同於生活的品味，亦以為惟有上層社會的貴族奢華生活才是最有品味的生活，於是紛紛透過大灑金錢的消費生活來模仿上層社會的生活品味。然而，生生活品味並非只是一些可以透過模仿就能學會的外在行為表現，真正休閑的生活品味，其實是一個人整體生命由內到外的生活哲學、美學和信念的一種體現。

活品味並非只是一些可以透過模仿就能學會的外在行為表現；真正休閑的生活品味，其實是一個人整體生命由內到外的生活哲學、美學和信念的一種體現。

跟有閒階級相比，布波族對生活品味的理解和要求，固然有明顯的差異：由於他們一般都是受過高等教育的專業人士，本身已屬中上階層，因此他們不像有閒階級，不用直接透過消費作為肯定及炫耀自己社會身分地位的惟一手段，他們甚至鄙視那種赤裸裸的「炫耀性消費」的表現。布波族也毋須透過模仿上流階層的消費行為來證明自己的生活品味，反正他們體內流著一半波希米亞人的血液，認為愈是與眾不同，愈是有個人風格和創意的生活方式，就愈有品味。他們的休閑觀和生活品味，大概是透過將休閑生活知識化和藝術化表現出來，這固然跟他們的教育背景有關；然而，說到底，他們也是藉此凸顯自己的品味跟其他階層的品味不同，因此不能說他們完全沒有炫耀自己生活品味的意圖。不過就算他們要炫耀，也表現得較含蓄和高明得多。

無論如何，當某種消閑生活的方式可以拿來炫耀，甚至有人模仿的時候，即是代表了消閑生活存在所謂高低或好壞品味的區分。為何／是否欣賞古典歌劇比起看周星馳的電影反映更高級的品味？為何／是否在星巴克（Starbucks）

一邊喝 *Latté*，一邊翻閱英文雜誌，比起在快餐店一邊吃下午茶餐，一邊閱讀娛樂週刊更有品味？究竟如何界定消閑生活品味的高低與好壞？品味可以歸類為美學範疇的討論。簡單而言，品味跟美感有關，若用康德的術語，品味牽涉審美判斷。有人會認為，最美的東西就是不帶任何功利性的目的，只為了滿足人們純粹對美感本身的追求，只為美而美，康德稱它為一種「無目的」的「目的性」（purposiveless purpose）。按此原則，所有「炫耀性消費」的消閑生活就一定是欠缺品味的，惟有那些只追求純粹美感本身的活動，才算是有品味的高雅文化。但康德這種追求純粹形式美的美學觀念，實在又過於抽象，隨著大眾文化的出現和普及化，那種只為美而美的審美判斷當然受到很大的衝擊。或者說，大眾文化就是社會上大眾的中下階層對上層社會的精英或高雅文化的一種文化反動，拒絕及反對惟獨上層社會的精英壟斷了界定高低品味的闡釋權。

由此可見，生活品味往往跟社會階層拉上關係，品味的本質乃是在於製造社會階級之間的差別。對有閒階級來說，上層階級努力要保持的正是階級品味的差別，惟有這樣，才能凸顯品味在炫耀消費者社會身分地位方面的功能。至於布波族所形成的消費模式和生活品味，則比較強調品味的創新性和個人風格，因此更明顯地反映出製造社會階級差別的意圖。也許波希米亞階層的生活品味仍屬小眾的，但布波族似乎有所不同，他們除了有意識地透過生活品味來發揮區別社會階級這功能之外，還邁向主導各社會階級的意見和品味，並使其最終成為大眾的時尚。〔十七〕布魯克斯發現，當布波族透過有品味的消費性休閑生活而成為社會上新興的權勢階層，並且主導和規範其他社會階層的時尚或消費文化的時候，休閑生活便成為炫耀自我和擴張權力慾望的投射。如此，不但滿足了消費者的成就感和自主性，而且亦體現了現代社會在階級意識上既要分化他者，又要同化異己的矛盾性格。

Marva J. Dawn, *Keeping the Sabbath Wholly: Ceasing, Resting, Embracing, Feasting* (Grand Rapids: Eerdmans, 1989)

Marva J. Dawn, *The Sense of the Call: A Sabbath Way of Life for Those Who Serve God, the Church, and the World* (Grand Rapids / Cambridge: Eerdmans, 2006)

唐慕華：守安息日是一種生活態度

支離破碎（fragmentation）和自我偏執（self-obsession）似乎是後現代文化和當代人其中一些獨特癥狀。有見及此，唐慕華（Marva J. Dawn）便認為需要重新重視「守安息日」這種靈程操練，藉此幫助現代人重構生命的整全性（wholeness）。固然這種生命的整全性，對那些被呼召要去事奉上帝、教會和世界的信徒尤其重要。對唐慕華來說，既然生命的整全性是靈程操練的目標，則靈程操練就不但純粹是精神性或心靈的活動，它同時要操練肉體，是存有（being）作為一個整體的操練活動。因此，唐慕華主張「守安息日」理應就是一種寓於日常生活的靈程操練，而且不可跟肉體和物質世界分割，以致最終能在生命裏頭內化成為一種安息日式的生命態度和生活方式；而上帝正是呼召祂的僕人如此生活，如此敬拜，也如此事奉。本文主要圍繞唐慕華兩本書〔一〕來介紹她如何從四方面去理解「守安息日」的意義。

休息

Shabbat 這個希伯來文動詞有「休息」（resting）的意思，不過在一個工作至上、令人們疲於奔命的社會裏，我們往往只關注身體的休息。唐慕華卻從多方面去理解「休息」的意義，並主張必須從「靈性休息」出發去思考這個課題。「靈性休息」就是使人安躺在上帝懷中享受從上帝而來的平安，「平安」（*shalom*）最重要的意思是「與上帝和睦」，所以「靈性休息」就是一種以上帝和人的信仰關係作為核心的休息。在這種信靠上帝臨在的信仰關係裏，人學習放下其倚靠自己成就一切工作的努力和能力，學習放下主宰一切的意欲，惟獨信靠上帝的恩典和主權。唐慕華又指出，以上帝的道為基礎、以道成肉身的事件（如基督的受試探和釘十架）為焦點的祈禱，特別有助於我們抵抗自我偏執，並在上帝的恩典和主權裏學習休息。因此，唐慕華認為「靈性休息」就是以上帝的恩典和主權為基礎的休息。[二]

在「靈性休息」這個基礎之上，唐慕華繼續從身體休息、智性休息、情感休息各方面去談論全人休息的意義。總而言之，她希望帶出的觀點是：在一個急促、忙亂、充滿壓迫感及支離破碎的都市裏生活，人們都感到身心疲累、思想混亂、情緒困擾；因此，我們需要有一段平靜、安穩的休息時間，讓身體能夠重新得力，讓思念能被真理的聖靈轉化而更新，讓受傷破碎的心靈和情感重新得到安慰和醫治。此外，唐慕華不僅重視個人生命的整合，她同樣看重社會的整合，因此也提出「社會休息」的觀念，讓充滿紛爭、動盪的社會同樣在休息中恢復和平。〔三〕

停止

休息最簡單的意思就是停止（ceasing）工作，在安息日停止六天繁忙的工作，享受上帝的同在和敬拜上帝。在一個執迷於工作和生產力的文化裏，持守安息日的規矩停止工作，反而可以幫助我們從上述的工作文化（包括由工作而產生的緊張和焦慮）中釋放出來，得享自由。唐慕華說得好，安息日的誡命要讓人知道，工作的價值不在於工作本身，卻在於敬拜上帝和榮耀上帝；上帝愛我們、與我們同在，跟我們做了甚麼工作完全無關；耶穌也不是呼召人工作，而是呼召人跟從祂。〔四〕

> 歸根究柢，安息日是要我們停止再以自我為中心，要我們停止在生命中不斷扮演上帝的角色。

跟從主的呼召其最核心的意思，就是從世界中分別出來，歸上帝為聖。唐慕華認為這種與世俗文化保持距離，停止受其同化，正是安息日的主要標記。誠然，當城市人面對工作壓力和競爭所造成的疲憊、乏味和焦慮時，也會在週末或假期千方百計逃離這種生活；但唐慕華強調，「停止」和逃避不同，逃避之後，問題依然存在，我們仍受這種文化支配。然而，在守安息日的實踐裏，正要操練我們向迷戀忙碌、效率、佔有、成就、榮譽、金錢、權勢等當代世俗文化說「不」，更要我們停止再以這些世俗文化所定的標準來衡量自己和別人的存在價值。歸根究柢，安息日是要我們停止再以自我為中心，要我們停止在生命中不斷扮演上帝的角色。因此，守安息日是一種悔改的行動。〔五〕

歡慶／享樂

歡慶（feasting）是安息日不可或缺的元素，但我們對歡慶的理解卻很多時只流於表面。我們總以為，惟有度過苦難之後，或者人生有所成就之時，才值得慶祝和歡樂，卻忘記保羅正是飽受牢獄之災時教導我們要靠主常常喜樂（腓四4），也忘記被囚於集中營的猶太人面對大屠殺的恐懼時，因繼續守安息日而獲得心靈的平安和勇氣。上帝在猶太人的年曆裏訂下了不同的節期，猶太人也很重視在不同的節期裏招聚整個社羣共度慶節，而安息日就是上帝為人每週所設的節日，在安息日的敬拜因而就是集體歡慶的活動。故此，安息日的歡慶必須包含記念、感恩、讚美和社羣性的元素，安息日之所以值得慶祝，主要原因就是無論人生的境遇如何，總要常常記念、期待、感恩和讚美上帝的同在、愛護和信實。〔六〕

在現代消費享樂文化的主導底下，我們又總喜歡只將歡慶跟滿足身體感官慾望的消費享樂活動連上關係，使歡慶變得純粹肉體性和物質性，也變得很自我中心。誠然，我們無須拒絕肉體和物質的享樂生活，唐慕華甚至認為安息日的操練，就是主張信徒要正視肉身的需要，鼓勵信徒透過肉身去享受上帝所賜的物質而得到的樂趣。不過安息日的操練卻同時提醒我們，安息日的歡慶其實是強調靈性與肉體、精神與物質兼備的整全性，因此不可只強調物慾的滿足和享樂，也不要忘記肉身的享樂必須要有節制。同時，由於安息日的歡慶，本質上其實是非常強調其社羣性的屬靈意義的，故此對那種高舉個人主義式的消費享樂文化抱有極

大的批判態度。〔七〕

安息日是歡宴的日子，而歡宴與禁食息息相關，不懂得禁食，也就不能明瞭歡宴的意義，因為安息日的歡宴慶祝，是相連於其餘六天禁食的簡樸生活而說的。實踐簡樸生活是非常重要的，它既可以讓我們不再陷溺於過度奢華、暴飲暴食的生活中；又可以讓我們學習關心社會上的貧窮人，並且體會上帝供應的奇妙。事實上這是猶太人守安息日的傳統，平日寧願稍為節儉和吃得比較簡單，好讓有足夠的金錢來購買安息日歡宴需要的食物，同時又能凸顯安息日歡宴與平日的不同，以示對安息日特別的尊重和珍惜。〔八〕

在唐慕華心目中，安息日中的敬拜是一種充滿辯證性的歡慶活動。每週的安息日畢竟是短暫的，很快就會完結，然後又期待和預備下一個安息日的來臨，再次享受與永恆的上帝同在的甜蜜時刻。然而，正是在這種重複流逝與再臨的短暫安息日歡宴中，能讓信徒預嘗那天上的永恆筵席，如此，安息日就是在短暫中接觸永恆的聖日。而敬拜本身也是一種富辯證性的事件和經驗：**超越**的上帝卻**臨在**於敬拜的羣體當中；我們應該以**敬畏和嚴肅**的心態來**親近**上主；敬拜既是**羣體**的歡宴，也是**獨處**的經驗；既在**靜默中聆聽**，又在**言語和聲音**中言說；既需要**客觀**

理性文字觀念的表達，亦有賴**主觀感性**藝術與美學的薰陶。不過在這些經驗中，唐慕華又特別被安息日的美所吸引，安息日能讓我們享受上帝創造性的美，並塑造我們欣賞美的能力，將一天分別出來專注於美，使我們在其餘六天更留意美，生活變得更美麗，由此，便可以形成一套安息日的生活美學。〔九〕

擁抱

守安息日是一種學習及實踐擁抱的靈程操練。信徒首先要擁抱（embracing）的是上帝國子民這身分，應該實踐將天國臨在此世的福音使命。既然如此，就要以安息日的靈程操練來裝備信徒，培育一種肯承擔、有遠見、願刻意而為的使命感和生活態度，即是故意要做應該要做的事情，或刻意戒除不應做的事情。消極來說，這其實是一種刻意不再受世俗文化同化的操練，不輕易隨波逐流；積極來說，則要努力持守天國的倫理觀和價值觀，並且批判甚至顛覆某些世俗文化中不良的價值觀和意識形態。〔十〕

當然，上帝差遣信徒所承擔的天國使命，並非要求我們在世上幹一番偉大的事業，而是呼召我們一生謙卑地作主的門徒，不過這使命卻要求我們擁抱而並非拒絕或逃避作主門徒所要付出的代價（the cost of discipleship）。門徒所要付的代價，就是被召要去承擔或背負基督的十字架，為著天國福音的緣故，甘心面對人生逆境和忍受苦難。可是現代社會卻被一種鼓吹繁榮穩定、逃避困苦的安逸文化所主導，務求凡事都能在自己的計劃、控制和掌握之中。守安息日的屬靈操練，就是要培育主的門徒使他們學習放手，減少倚靠自己的操控，多注視上帝的恩典，靠著上帝克勝因苦難逆境而生的恐懼與焦慮。如此，當信徒愈能在上帝的恩典裏擁抱安息日的生命態度和生活方式，就愈能從憂慮受苦的恐懼中釋放出來，甚至反過來擁抱苦難，與基督同釘十字架，死而復生，成為新造的人，亦真正成為主的門徒。〔十二〕

正如上文提過，作主的門徒，自然要擁抱和實踐天國的價值觀，而基督信仰的其中一種重要價值觀就是擁抱時間。固然現代社會的世俗文化也非常看重時間——因為時間就是金錢，所以我們很願意花時間在工作、進修和消費享樂上；然而，唐慕華認為安息日的操練，卻叫我們看重花時間在人身上，花時間與人共在一起，花時間擁抱別人，而不是花時間去成就甚麼事工。重視人的其中一種表現就是與人分享，尤其在這個愈來愈商業化的消費社會裏，人只顧貪得無厭地滿足自己的慾望，安息日卻提醒我們要慷慨分享，而不是擁有聚斂；關懷別人，而不是專注自己；擁抱施予，而不是只顧索取。其實施予別人也只是對上帝無限恩典和供應的回應，在回應上帝的恩典時，我們便能充滿喜悅地真正發現及徹底擁抱自己生命中獨特的呼召。

總而言之，上帝對人最終的呼召，是藉著守安息日這種生命操練而擁抱和平與安寧。正如上文說過，這種平安從與上帝和睦的關係開始，進而跟自己的身心靈的生命和諧共處，並跟別人和平共處；因此，守安息日不但不是一種離羣索居、否定世界的個人宗教活動，它反而驅使我們更關懷別人、投入社羣、擁抱世界。由此看來，守安息日的操練能讓我們連接及享受生命中不同的範疇，而最終得以擁抱整全。故此，唐慕華再三強調，守安息日是要我們重新聚焦於上帝身上，當上帝成為我們生命的中心的時候，就算世俗文化將我們的生命拉扯而變得支離破碎，上帝卻仍能將我們生命的碎片重新整合起來，為我們混亂無序的生活重新賦予秩序。〔十二〕

《天地有大美》

閒來拿起蔣勳的《天地有大美》來閱讀，深深被其簡樸清雅的文字所吸引。蔣勳本來從事美學理論和藝術史的研究，但這回他不談宏大的藝術理論，而是回到平凡瑣碎的「食、衣、住、行」這些日常生活之中暢談生活美學的問題。他在序言中開宗明義地說：「如果我們不懂得在生活中感覺無所不在的美，三天兩頭跑劇院、音樂廳、畫廊，也只是鄙俗的附庸風雅吧！」

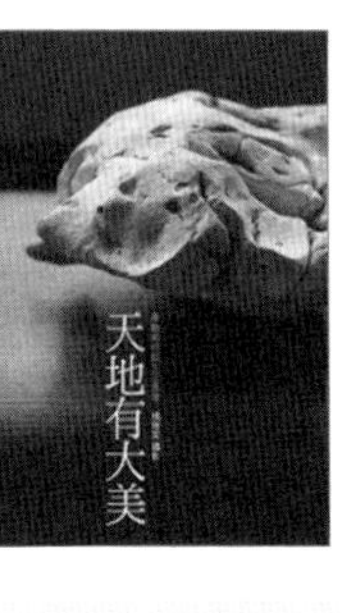

蔣勳：《天地有大美：蔣勳和你談生活美學》（台北：遠流出版事業股份有限公司，2005）

「天地有大美而不言，四時有明法而不議，萬物有成理而不說。聖人者，原天地之美而達萬物之理。是故至人無為，大聖不作，觀於天地之謂也。」（莊子〈知北遊〉）

蔣勳引用莊子〈知北遊〉篇的名句「天地有大美而不言」作為這本書的書名，他的生活美學的靈感其實主要也是來自莊子。莊子談美，離不開大自然，也離不開日常生活，蔣勳尤其喜歡莊子的〈養生主〉篇內「庖丁解牛」的故事，認為這庖丁其實是真正的藝術家，因為專注於日常工作從而能夠體現「以無厚入有間而游刃有餘」這種純美的自由經驗。美既是一種生活態度，也是一種生活實踐。

忙碌的都市人很難體會生活美學，蔣勳說得好：「大家寫一下『忙』字，是『心』加上死亡的『亡』，如果太忙，心靈一定會死亡。」在充滿緊張焦慮的生活裏，心靈只會被擠壓至死，為何不給予心靈多一點悠閒的空間？生活美學就是要讓心靈體驗生命的豁達與悠閑。蔣勳很喜歡「亭」這中國古代建築物，因為「亭」就是讓旅人停下來休息和享受良辰美景的地方，所以他認為生活美學的第一課就應該是懂得停下來。

在為口奔馳的生活裏，要讓我們有空停下來細嘗生活的「品味」。蔣勳認為「品味」兩字原跟「吃」和「味覺」有關，但不一定要在高級餐廳消費，吃最珍貴的食物才算有品味，生活美學最重要的是體會品質。因此，重要的是吃的時候，能否讓各種感官品嘗及欣賞到食物中色、香、味的美。這樣，就不能不考慮進食的速度了。事實上，城市生活的匆忙往往令人失去品味精緻的可能，快餐文化顯然就跟生活美學背道而馳，蔣勳卻強調美通常產生在悠閑文化當中。故此，培養慢吃的藝術本身就是一種生活品味，而且慢吃的過程亦有助於將品嘗美食的感覺經驗保存在記憶裏，因為生活美學包含著將口中的滋味化成美好的回憶。

蔣勳認為食物美學離不開「料理」二字，在不同的菜餚中間，包含了甜酸苦辣的味道，就好像人生不同階段中經歷的不同滋味，把它們配搭在一起，形成多采多姿的豐盛人生，人生於世，就是要努力料理一道生命的菜餚。就是這樣，蔣勳便從吃的經驗裏吃出人生道理來。

在蔣勳的生活美學裏，美必然包含懷舊和記憶，地道的小吃是美食，因為它喚起了對食物的歷史記憶。食如是，穿衣也如是。在談衣服之美那一章，有一段很美麗動人的文字：「一件你喜愛的衣服，真的像一位好朋友，有時候也像一個愛人。有幾件純棉的白襯衫跟純棉的卡其褲是我很喜歡的衣服，讓我覺得有長久穿著的記憶在裏面。」如果那件衣服是由親人或朋友親手編織或縫製的話，就更加值得珍惜。衣服不再只是一件死物，它的美感在於跟穿衣者的身體建立了可供懷緬的情感關係。在現今鼓吹貪新忘舊的消費主義文化裏，蔣勳卻說：「記憶是一種美感，全新的東西就少掉了記憶的深情，沒有深厚的感情在其中。」真正的美，並非如消費文化中那純粹是停留於表面的一種感官經驗，它卻植根於持久而有深度的人情關係，人生實在需要留下更多關於美的歷久常新的回憶。因此，蔣勳認為追逐日新月異的潮流，不斷購買名牌服裝並不保證能享受到穿衣的美感。更何況一窩蜂地跟隨大眾的潮流走，反而容易失去個人的創意和獨特的品味而變得庸俗，就正如制服便是最缺乏美感的。總而言之，簡單就是美，舒適就是美，貫注情感在其中就是美。

香港人很喜歡買房子，有些人把它當作商品炒賣，有人則用作自住。無論如何，豪宅始終是地產市場所凸顯的賣點。當然，豪宅的首要條件是要築得夠高，築得愈高就愈有君臨天下的氣派；會所、地下大堂又一定要夠「豪」、夠派頭；室內固然亦少不了要「豪裝」，好像這樣才能配合階級身分，才能反映居住的品味，香港人似乎愈來愈成功地將房子變成經濟上可以保值或增值的物質空間。蔣勳卻一語中的地說：「房子並不等於家⋯⋯有些人只有房子，並沒有家⋯⋯我們所說的家，其實要以『人』作為主體。」因此，若要談住的美學，蔣勳認為第一步就是要把房子變成以人為主體的家，是每一個家裏的人都很想回去的家，這樣的家才是一個有溫暖感、親切感和安全感的安樂窩，它必須要由住在家裏的人「用心」去經營的。

談到居住美學，固然不能只停留在「家」的範圍，因為家不可能跟其所身處的城市割裂，故此我們不但要「用心」去經營自己的家，也要「用心」去關懷社區的鄰舍，締造一個人際互動、具有人性美感的社羣空間。談到城市的美感，也就不能不談城市的建築面貌及其人文風景了，如此，蔣勳自然又回到記憶的問題，他說：「巴黎為甚麼會美？因為城市的記憶被保留下來了，所有過去人生活的遺址、遺迹都未被毀壞掉。」他慨歎台灣變得很醜陋，為了經濟利益，它的古舊建築物輕易就被拆掉，蔣勳形容台灣是一個不斷消除記憶的城市、是一個薄情的島嶼。台灣如是，香港亦如是。他對台灣擲地有聲的批評，豈不同樣適用於香港麼！其實這種對城市歷史記憶的洗刷，也跟蔣勳所講的過於迷信現代化和都市化有關。故此，他提醒我們要努力保存鄉間小鎮的文化，小鎮文化勝在夠精緻、夠傳統、夠樸素、夠休閑、更重要的是夠人情味。充滿美感的城鄉人文風景，是構成居住生活美學必要的條件。

按蔣勳所言，「行」是城市美學中關於「移動」的路線和速度的生活美學。前者是關乎城市規劃中所構築的空間美感，以及能否達到「行」的暢通這目標的問題，蔣勳只輕輕帶過此話題，而將討論的重點放在「移動」的速度上。提起「移動」的速度，就聯想起《頭文字D》的勁速「飆車」。在現代社會裏，人們已習慣了高速流動的生活和工作模式。蔣勳卻認為，高速移動的生活帶來的是快感，但快感與美感不同，「有時候，美感，反而是在大家都快的時候，你慢下來。」因為惟有如此，才能有悠閑的心情和空間去培養跟周遭的人和事物緩慢接觸的情感。因此，他說，如果人生是一條令他可以擁有更多並變得貪婪的高速公路，他寧願選擇另闢蹊徑，人生只走一次，為何從生到死要拚命趕路？為何不可以慢下來、甚至停下來，好好地欣賞沿途美好風光？

蔣勳的《天地有大美》，是一本令我感動而立志要在生活中學習「實踐」生活美學的「閒」書。

註釋：

從有閒階級的炫耀性休閒到布波族的生活品味

〔一〕 參凡勃倫（Thorstein Veblen）：《有閒階級論——關於制度的經濟研究》，蔡受百譯（北京：商務印書館，1981），頁 36。

〔二〕 參凡勃倫：《有閒階級論》，頁 48~49。

〔三〕 參凡勃倫：《有閒階級論》，第五章。

〔四〕 參凡勃倫：《有閒階級論》，頁 94、113。

〔五〕 參凡勃倫：《有閒階級論》，第六章、第七章。

〔六〕 布魯克斯（David Brooks）：《布波族：一個社會新階層的崛起》，徐子超譯（北京：中國對外翻譯出版公司，2002），頁 3。

〔七〕 布魯克斯：《布波族：一個社會新階層的崛起》，頁 85。

〔八〕 參布魯克斯：《布波族：一個社會新階層的崛起》，頁 226。

〔九〕 參布魯克斯：《布波族：一個社會新階層的崛起》，頁 223。

〔十〕 參布魯克斯：《布波族：一個社會新階層的崛起》，頁 242。

〔十一〕 參布魯克斯：《布波族：一個社會新階層的崛起》，頁 216~217。

〔十二〕 參布魯克斯：《布波族：一個社會新階層的崛起》，頁 227~229。

〔十三〕 參布魯克斯：《布波族：一個社會新階層的崛起》，頁 230~235。

〔十四〕 參布魯克斯：《布波族：一個社會新階層的崛起》，頁 57~59、84~85。

〔十五〕 布魯克斯歸納了布波族七項理財法則。參布魯克斯：《布波族：一個社會新階層的崛起》，頁 86~105。

〔十六〕 布魯克斯：《布波族：一個社會新階層的崛起》，頁 105。

〔十七〕 參布魯克斯：《布波族：一個社會新階層的崛起》，頁 3、42。

唐慕華：守安息日是一種生活態度

〔一〕 兩本書分別為：Marva J. Dawn, *Keeping the Sabbath Wholly: Ceasing, Resting, Embracing, Feasting* (Grand Rapids: Eerdmans,

1989)；中譯本：唐慕華：《俗世中的安息日操練》，陳永財譯（香港：學生福音團契出版社，2003）；Marva J. Dawn, *The Sense of the Call: A Sabbath Way of Life for Those Who Serve God, the Church, and the World* (Grand Rapids / Cambridge: Eerdmans, 2006)。

〔二〕參 Dawn, *The Sense of the Call*, 72~117。

〔三〕參唐慕華：《俗世中的安息日操練》，頁 57~105；Dawn, *The Sense of the Call*, 33~47。

〔四〕參唐慕華：《俗世中的安息日操練》，頁 4~28。

〔五〕參唐慕華：《俗世中的安息日操練》，頁 17~53；Dawn, *The Sense of the Call*, 121~176。

〔六〕參唐慕華：《俗世中的安息日操練》，頁 204~212。

〔七〕參 Dawn, *The Sense of the Call*, 179~226。

〔八〕參唐慕華：《俗世中的安息日操練》，頁 188~197。

〔九〕參唐慕華：《俗世中的安息日操練》，頁 160~187。

〔十〕參 Dawn, *The Sense of the Call*, 229~249。

〔十一〕參 Dawn, *The Sense of the Call*, 250~277。

〔十二〕參唐慕華：《俗世中的安息日操練》，頁 109~156。

貳

城市空間·時間

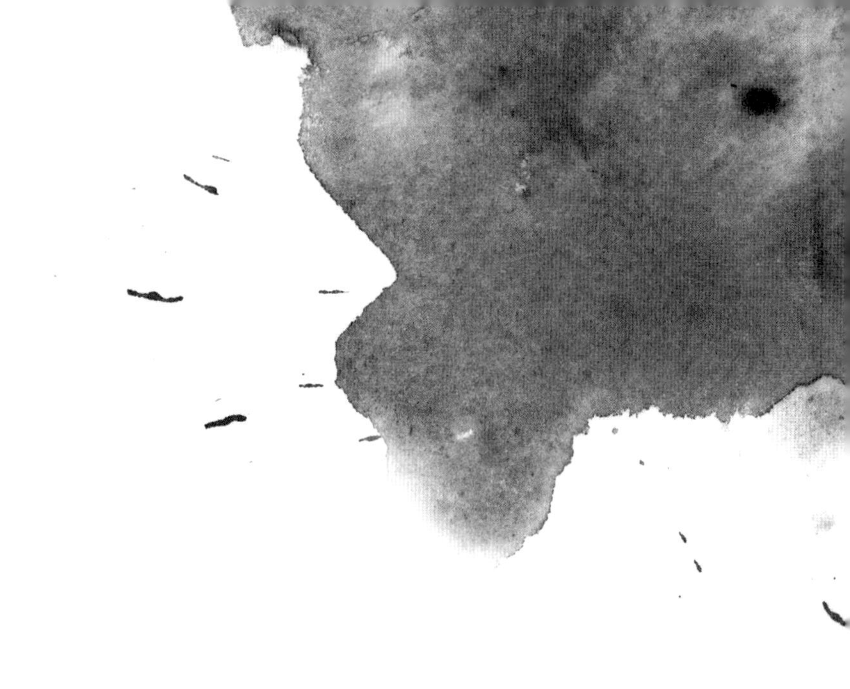

不要再讓生命只陷溺於無休止的生產和消費當中，讓我們回到上帝的作息時間裏，與祂同在。

創造主的作息時間：創世記一章至二章3節

在一個重視效率、產量及生產力至上的社會裏，時間管理變得非常重要，因為在這個分秒必爭的社會裏，善於管理時間幾乎是事業成功的必要條件。「時間就是金錢」這句話，充分反映現代人怎麼看時間的價值，他們所看重的是其衍生的生產價值和經濟價值。換言之，工作時間代表的是有價值、有意義的時間，彷彿讓愈多工作填滿每天的時間，就代表生活得愈充實、愈有意義。所以「大忙人」變成為一種身分的象徵。

然而，我們可能已經集體患上了一種被稱為「時間貪婪強迫症」的城市風土病。可惜這種對時間的貪婪和追逐的生活，最終只會令我們活在營營役役的緊張而急促的日子當中，本以為可以管理好時間，其實反而被時間奴役，到頭來甚至會令我們的生命窒息。

這裏其實牽涉一個非常重要的課題，就是現代城市人的時間觀。「時間」本來是一個很複雜的觀念，可是現代城市人對「時間」觀念的理解，卻有愈來

> 「時間」本來是一個很複雜的觀念，可是現代城市人對「時間」觀念的理解，卻有愈來愈簡化的傾向，他們只是將時間當作客觀、機械的「鐘錶時間」來看待。

愈簡化的傾向，他們只是將時間當作客觀、機械的「鐘錶時間」（clock time）來看待。

鐘錶是近代科技的產物，因此「鐘錶時間」也只是近代才出現的時間觀念，不過這種時間觀念卻主導了現代城市人生活作息的形態。首先必須要明白，「鐘錶時間」跟大自然循環變化的「時序」，以及主體於存在中所感悟的「光陰似箭、日月如梭」的「時光」不同。「鐘錶時間」是將「時序」和「時光」數量化、抽象化、規劃化和同質化的成果，是用作衡量作息生活事件客觀準確的量度單位。故此，在「鐘錶時間」影響下的現代都市生活，從正面來看，可以說是變得愈來愈可以被精準計算，其可預測性和穩定性愈來愈高，也愈來愈系統化和秩序化。但從負面來看，人生會變得愈來愈缺乏驚喜和意外，會愈來愈刻板和苦悶，「鐘錶時間」就好像一個冷漠的督工，不停地監察及支配著生活作息的節奏。

聖經如何談論時間？如何幫助信徒對時間作神學反省和沉思？原來翻開聖經第一頁，所記載的第一件事就跟時間有關。創世記一章至二章3節，記載的是創造主的工作和安息，以及祂的作息時間。根據聖經記載，上帝的首項工作是創造光，並把光暗分開，然後稱光為晝，稱暗為夜，有晚上、有早晨，這是頭一日。毫無疑問，在頭一日的創造裏，上帝似乎沒有創造任何佔有空間的物質，上帝所造的光似乎並非佔有空間和具物質性的光體，因為掛在天上的眾光體（即日月星辰）要到第四日才被創造。由此看來，上帝首項的工作只是創造了非物質性的晝夜，晝夜代表的似乎就是時光。換言之，在一切佔有空間的物質尚未出現之前，時光首先出現。聖經所提及的光可能就是指時光，晝夜就是光暗的差異變化，說明時光不是靜止的、劃一的、同質的，而是動態的、變化的、差異的。同時，創世記所描述的「頭一日」和「每一日」是否相當於「鐘錶時間」的二十四小時其實並不重要，畢竟聖經作者還未有這觀念。反正我們其實不應該像現代都市人一樣，隨便將「時光」變成「鐘錶時間」。也許我們反而應該多從「時光」的角度切入，去理解聖經的時間觀。

在上帝的創造中，無疑時光先於一切佔有空間的萬物而存在，不過人世間的時間又並非永恆存在。創世記似要告訴我們，世界的起點也就是時間的起點，上帝從無中創造，世界和時間一同從無中出現。只是上帝創造了時光之後，祂卻在隨後每一日的時光中繼續進行其創造萬物的工作，並且竟然用了長達五天的時間。這裏便帶出一個問題，為何上帝偏偏將自己創造的工作限制於日子（時間）

裏面並使之陸續發生呢？既然時間也是由上帝創造，按理上帝必定能夠支配時間，超越時間，況且，聖經不是載有上帝「說有就有，命立就立」這句話麼？難道上帝不能使天地萬物在一瞬間同時出現嗎？上帝用隨後五天的時間來創造佔有空間的萬物，究竟有何目的？

上帝從無中創造世界，說明了根本沒有任何外在於上帝的條件足以使世界必然存在；世界的出現，完全有賴上帝自由的決定。故此，世界萬物的存在也只是偶然，其存在從來沒有必然性。同時，時間先於世界萬物而存在，無非是要指出，時間決定了世界的本質，決定了被造世界的有限性，世界萬物必然有生滅變化。如此，就算人未犯罪之前，偶然性和有限性已經是一切被造物的本相。正如詩人所說：「你叫他們如水沖去；他們如睡一覺。早晨，他們如生長的草，早晨發芽生長，晚上割下枯乾。」（詩九十5～6）人之存在於世，往往在乎能否感悟這種於時光歲月中人生轉瞬即逝的限制和偶然性。可惜的是，現代城市人每天只會分秒必爭，不懂靜下來默觀時間怎樣飛逝，到頭來只換得一生光陰虛度，「其中所矜誇的不過是勞苦愁煩，轉眼成空，我們便如飛而去。」（詩九十10）

相對於人的有限和變幻，創造主本應是永恆的，祂沒有起點，沒有終點，沒有生滅；既無生滅，也就沒有變化，只有不朽，上帝的存在本來與時間無緣。如詩人說：「諸山未曾生出，地與世界你未曾造成，從亙古到永遠，你是上帝。」（詩九十2）然而，永恆的上帝藉著創造的工作，從此就擁有了時間；不過上帝擁有的，卻不是「鐘錶時間」，而是擁有時光流逝變化的經驗，正如詩人所說：「在你看來，千年如已過的昨日，又如夜間的一更。」（詩九十4）上帝決定用五天的時間來創造萬物，祂每天「看著是好的」，不但是指著好的創造成果來說的，可能同時也是指著創造過程中每一天所擁有的時間經驗來說的。上帝跟人不同，在創造工作中沒有爭分奪秒，祂不用趕時間，反而珍惜這種時光歲月中轉瞬即逝的過程經驗。

經過六日工作的歷程之後，上帝為何又特別劃定第七日的時間，刻意歇下祂的工作，進入安息，並定此日為聖日呢？正如上文提過，在頭一日的創造裏，上帝沒有創造甚麼，祂只創造了時光。到了最後一天，上帝亦不再創造甚麼，只是停下來，放下一切，安息於神聖的時間裏。換言之，上帝的創造，始於工作，成於安息；亦始於時間，終於時間。上帝創造的焦點似乎不是產品、生產力和產量，而是上帝的作息時間。正如聖經的記載，上帝每一日的創造工作，都以「有

上帝創造的焦點似乎不是產品、生產力和產量，而是上帝的作息時間。

晚上、有早晨」來結束，而最終更以第七天這聖日來結束。上帝的創造工作及其成果，惟有在安息和時間裏才能成聖和完滿。

對上帝來說，祂不再只是抽象地存在於非時間的永恆裏，卻選擇臨在於流轉變化的時光歲月之中，經驗由動態的工作到靜態的安息這種創造的歷程，上帝正是這樣地透過其創造行動來啟示祂的存在。對人來說，在第六天被造並被委派管理大地的召命之後，馬上要面對的，不是工作，而是在第七天的時光裏經歷上帝同在的安息。換言之，意味著一旦離開安息和時間，人就無法按著上帝的心意做好管理大地的工作。故此，如果問：人生的意義是甚麼？答案可能是：人在上帝所賜有限的生命年日裏工作，最後邁向安息。簡單而言，人生就在作息的時間之間展開和完成。

萬物的起點是時間，並從時間中出現，其終點亦是時間，最終亦歸回時間中得享安息。上帝似要告訴我們，原來時間在創造的行動和萬物的存在裏扮演非常重要的角色，日子是世界萬物存在的根基，晝夜是萬物生活作息的時序，時間為整體的創造秩序立下了重要的基礎。在萬物當中，亦只有人能夠擁有時間的經驗，能夠意識到時間和存在的關係，惟獨人會說：過去的歲月值得追憶回味，活在當下能捕捉到此刻存在的真實，將來的夢想能為人生帶來憧憬和盼望。因此，不要再只在趕時間，不要再只讓時間成為金錢，不要再讓生命只陷溺於無休止的生產和消費當中，不要再讓人生白白地虛度。讓我們回到上帝的作息時間裏，與祂同在。

赫舍爾：安息日使存在在時間中成聖

生產與佔有至上的空間政治—經濟學

在古代農耕的社會裏，土地是農民養家活口的重要資源，整個生活作息的空間離不開那塊農地，甚至世代相傳，農民世世代代日復日地在這塊土地上耕種與收成，已經逐漸形成一套「在空間裏生產」（production in space）的空間政治—經濟學。因為一切肉身的需要與慾求，既要於這空間尋求滿足，故此，那些從事生產的人，也就是家族的經濟支柱，自然就能在家庭或家族政治上擁有更大的權力。

隨著科技和工業革命而誕生的資本主義社會，應用在工業生產裏的最大突破，莫過於人類從此實現大量生產（mass production）的經濟活動。由於需要大量生產，於是便需要更大型的生產空間來從事更合乎工具理性和效益主義的「在空間裏生產」的活動，亦由此而造就了「福特主義」（Fordism）的出現。〔一〕由此可見，現代的「福特主義」，其實只是古代農耕社會「在空間裏生產」的空間政治—經濟學的延續和擴充，兩者同樣具有靜態、固守不變和根深柢固的特徵，同樣反映階級權力利益分配的政治關係。所不同者，只不過是古代農耕社會仍受制於大自然時序的變化，人們仍然要依循日出而作、日入而息，以及一年四季播種有時、收穫有時的自然規律去從事生產的活動。而現代的「福特主義」卻可以乘著科技文明之利，逐漸擺脫大自然時序對人類的束縛，能夠日以繼夜及全天候地用盡所有空間來從事大量生產的活動而已。

在古代的農村社會裏，市集是人們聚集在一起從事買賣交易等商業活動的場所，因此它可算是日後都市及城市商場的雛型。值得留意的是，無論古代的市集抑或現代城市的商場，都不是天然生成的地方，卻是因應人們的需要與慾求而人為地建構或生產出來的社會經濟空間。故此，在人類社會裏，一直以來不僅存在著一種「在空間裏生產」的空間政治—經濟學，同時也存在著另一種所謂「空間的生產」（production of space）〔二〕的空間政治—經濟學。

不過，單憑「在空間裏生產」已經不能滿足現代消費者那種無休止地不斷轉變的慾求，因此，惟有寄望於「空間的生產」。不少現代都市的城市規劃都朝這個方向發展，無論是私人發展的商、住地產項目，抑或是政府發展的大型建築工程，都竭盡所能和拚命生產空間。

在後現代意義下的城市文化裏，固然所生產的空間不僅是物質性的空間，還有布希亞（Jean Baudrillard）所講的以象徵性的符號作為消費對象的消費空間，〔三〕以及由媒體科技革命所生產的虛擬空間等。

然而，在鮑曼（Zygmunt Bauman）對「液態現代性」（liquid modernity）和「全球性」的分析裏，豈不是曾經提出過「液態現代性」是對空間的超越或使空間變得沒有意義這類言論麼？

> 隨著軟件資本主義（software capitalism）和「輕快」（light）的現代性的出現到來，它們都發生了改變……在以光速運動的軟件宇宙中，空間簡直可以在「須臾」之間穿越；「遠在天邊」和「近在眼前」之間已經沒有差別了。空間不再對行動和行動的績效產生約束，空間已沒有多大意義。〔四〕

固然快速的流動必然牽涉到時空觀念的改變，「時空壓縮」（time-space

compression）是伴隨全球化液態社會自然而有的現象。不過需要留意的是，鮑曼並不是說「液態現代性」使現代人再不重視空間或再不從事「空間的生產」，他只是說，在液態的現代社會裏，人們已愈來愈不可能被困於一個細小和固定的空間裏從事生產的活動，人們只能在高速流動的液態現代性的意義下不斷地生產空間。故此，征服或超越空間的距離，甚至要否定固態性空間的意義，為的是反而能夠生產更大的空間和擴張空間的可能性。事實上，當空間的距離被征服了，疆域的界限被取消了，全球化的力量便能為世界的未來帶來無限的可能性，也惟獨這種不斷地生產空間所帶來無限的可能性，才能對應於現代人對物質和權力那無休止的渴望與慾求。

安息神學對空間崇拜的批判

毫無疑問，赫舍爾（Abraham J. Heschel）的《安息日：其對現代人的意義》（*The Sabbath: Its Meaning for Modern Man*）一書，是針對現代人對擴張物質空間的慾望和對空間的膜拜而寫的。他在書中擲地有聲地提醒現代人：「當對空間的操控，對屬於空間的物件之渴求成為我們惟一的關注的時候，生命就會走上歧途。」〔五〕為何如此？赫舍爾在該書清楚指出問題的焦點：

科技文明是工作勞動、是人為著獲取而運用權力、是人為了生產貨品而生的產物。人類由於為了使自己活得更安全和更舒適，而大自然的供應卻不能滿足其慾求，於是便逐漸介入與大自然力量的鬥爭當中，正是這樣，科技文明便開始出現。若用聖經的講法，人類文明的任務，就是要征服大地和統治野獸。〔六〕

科技文明是人對空間的征服。它往往是透過犧牲一種構成存在必不可少的元素（即時間）所取得的成就。在科技文明裏，我們耗費時間來賺取空間。我們主要的目標是在空間的世界裏增強我們的權能。〔七〕

赫舍爾將人類的科技文明跟人要征服空間和操控世界的權力慾拉上關係，表面看來，科技文明似乎象徵了人類自我超越的成就，代表了能擁有突破大自然限制的能力，就好像昔日要建造塔頂通天的巴別塔一樣，透過空間的擴張來滿足自身的慾望而實現自我無限化。然而，儘管科技文明說明了人可以征服空間，能夠克服空間距離所帶來的限制，人卻始終對時間無能為力——既不能重現過去，也無法捕捉將來。儘管人可以超越空間，但時間卻永遠能夠超越人類，擁有人無法觸及的他性（otherness），時間是人最大的挑戰。〔八〕

對赫舍爾來說，現代人面對最大的問題是以空間代替時間作為存在的核心，以致我們實在遺忘了存在與時間之間密切的關係。

時間是存在的核心

可惜人只忙於征服空間，卻無視時間對人的存在的限制和意義。故此，對赫舍爾來說，現代人面對最大的問題是以空間代替時間作為存在的核心，以致我們實在遺忘了存在與時間之間密切的關係。他認為當關心人的存在和生命的意義時，時間比空間更重要，時間才是存在的核心。〔九〕相對於人不斷藉著科技文明以擴張、佔有、征服和操控空間和屬於空間的物慾世界，赫舍爾卻苦口婆心地勸導我們要回歸時間。他如此說：「人不可能迴避時間的問題，我們對時間思考得愈多，就有愈多的瞭解：我們不能透過空間來征服時間，我們只能在時間裏掌握

時間。」〔十〕

從猶太人信仰傳統的角度而言，赫舍爾又指出：「聖經關注的是時間多過關注空間，它往往從時間的向度看世界，它關注世代、事件多過關注國家、物件；它關注歷史多過關注地理。」〔十一〕故此，他認為猶太教跟其他宗教最大的分別，在於後者通常都是強調空間的宗教，它們的神靈往往佔據或住在一地域性的空間之內，例如，山有山神、樹有樹神、河有河神，而且這些宗教的神，往往有佔空間的形像的。〔十二〕但以色列人的上帝卻喜歡在歷史事件中彰顯自己，猶太教是強調時間的宗教。

安息日使存在在時間中成聖

作為「時間的宗教」，其目標是「時間的聖化」（the sanctification of time）。〔十三〕然而，「時間的聖化」究竟是甚麼意思？赫舍爾如此說：

> 猶太教教導我們在時間裏依戀聖潔，被神聖的事件所吸引而愛慕，也教

導我們學習如何去主持出現於一年這樣壯麗的時間之流中的神聖奉獻之禮……猶太教的禮儀，也許表現了在時間裏重要形式的藝術這種特色。可以稱為時間的建築學（architecture of time）……信仰的主題在於時間的領域。〔十四〕

再講得清楚一點，聖經第一次出現「聖」（holy）這字是在創世記二章3節，在上帝最初的創造裏，「聖潔」這詞沒有被用來描寫空間或佔空間的物件，卻用來形容上帝安息的日子（時間）。赫舍爾認為，由於「安息日的本質是完全從空間的世界分離出來」，〔十五〕因此，「安息日的意義是慶祝時間而不是慶祝空間。整個星期的六天，我們都生活在佔空間物件的暴政統治底下；在安息日裏，我們嘗試在時間裏作出調適，通往聖潔。」〔十六〕

既然如此，是否最終要排拒空間的世界，以及要否定人類的科技文明呢？固然不是，赫舍爾曾指出，按照聖經的記載，無疑當人類歷史開始的時候，在世界上只有一種聖潔，就是在時間裏的聖潔。直至以色列人出埃及來到西乃山下，上帝才呼召以色列人要成為聖潔的子民。隨著以色列人落入拜金牛犢的試探之後，上帝才吩咐他們興建佔空間的會幕，在空間裏成聖。故此，首先是時間的聖化，跟著是人的聖化，最後才是空間的聖化。〔十七〕由此可見，空間並非完全跟聖潔無緣，赫舍爾也並非對空間採取全盤否定的態度。何況赫舍爾曾肯定地說：「我們的意圖並非要貶低空間的世界，若去貶低空間及空間的物件所盛載之祝福，就等於貶低創造的工作，上帝曾看著這些工作說『好』。」〔十八〕只是上帝的創世行動，經過六天創造佔有空間的天地萬物的工作之後，創造還未完滿，尚有缺欠，最後上帝要以安息日來填補這個缺欠，來完成整個創世行動；而上帝在安息日為世界所創造的，就是喜悅、平靜、安寧、和諧與平安，這些正是宇宙和人的生命存在趨於完滿必不可少的優美質素。故此，安息日絕對是為培育人的生命成聖而設立的。〔十九〕

對赫舍爾來說，時間和空間是彼此相關的，不可忽略任何一方。不過，面對只崇拜及追逐空間之擴張的現代人，他的目的是要提醒我們，在上帝創造和救贖的經世活動（economic act）裏，時間比空間扮演更重要的角色，時間比空間更具優先的地位。它們的主次關係絕不能倒轉，惟有在時間裏，才能談論任何佔有空間的人或物件的存在意義和重要性。〔二十〕

然而，在上帝的創造工作裏，時間和空間究竟在實際上各自扮演甚麼角色？它們在角色和功能上的分別，又如何凸顯時間的重要性？我們很多時只將上帝創世的焦點，放在祂從無到有那種開拓和征服空間的能力。赫舍爾卻如此說：「時間是創造的過程，佔空間的物件是創造的成果。當我們注視空間，看到的是創造的產品。當我們直觀時間，聽到的卻是創造的過程。」〔一一〕空間只會讓我們凝視工作或生產的成果，但時間卻要喚醒我們關注存在的過程，而且上帝是以時間的方式臨在於此世，而不是以非時間性（timeless）的方式臨在；換言之，上帝是在時間流動的過程中臨在。故此，在赫舍爾心目中，過程無疑比成果更為優先，如何存在比擁有甚麼或擁有多少更為重要。

那麼，如何讓人回歸時間，重視存在呢？赫舍爾認為正是透過守安息日這個方法。他說：「安息日就是給我們學習超越文明那種藝術的日子。」〔一二〕科技文明只是滿足人類征服空間慾望的技術，安息日卻不同，它是一種藝術，是讓人在時間裏存在的藝術。藝術固然並不一定要排斥技術，安息日亦並非要完全否定人賴以工作所成就的科技文明，它只是操練我們節制慾望，學習放下六天的工作，停止對空間的征服和操控，放下爭鬥和衝突，中止對科技文明作偶像式的膜拜，讓我們那不斷往外撲的生命在時間裏靜止下來，安息在上帝懷中，回歸內在生命的深處。如此，我們便察覺到一種弔詭的情況：本來科技文明是人對大自然的一種空間上的征服和操控，但當人由於要不斷滿足慾望而對科技文明過度崇拜的時候，人最終反而受到很大的束縛。故此，赫舍爾認為，守安息日正是要幫助我們從對空間的膜拜和科技文明的束縛中解放出來，安息日是我們的存在獲得真正自由的日子，而且這自由是內在生命的自由。〔二三〕

無可否認，科技文明背後的慾望，不但使人跟大自然長期處於一種征服與被征服的對立狀態，同時亦使人與人之間因競爭而帶來無窮的衝突。赫舍爾卻指出：「時間是上帝在空間世界中的臨在，在時間之內，我們能夠體驗所有存在物的合一。」〔二四〕為何赫舍爾認為在這創造的時間裏萬物能邁向合一呢？他首先肯定人有一種佔有及征服空間的慾望，不過卻從來沒有兩個人或兩個存在物能夠同時佔有同一空間；換言之，當我的身體佔有此空間時，即意味著已為此空間定一界限，以防止他者的闖進。因此，這種空間上的佔有感，同時自然會表現出一種對他者的排他性。無可否認，在現實生活中表現出來對空間的佔有或爭奪，實在容易造成存在者或存在物彼此的排拒和疏離。但時間則不同，赫舍爾如此說：

沒有人佔有時間，沒有片刻是我能排他地佔有，這一屬於我的瞬間同樣是屬於所有正在存活的人的。我們分享時間，我們卻擁有空間。透過我對空間的擁有，我成為所有其他存有的對手；但透過我在時間裏的存活，我成為所有其他存有的同代人。〔二五〕

本來超越時間與空間限制的上帝，在創造的工作中，卻定下一日作為安息的日子，而且放下祂一切的工作成果，意味著祂放下了對空間和物質的操控，自限於時間的流轉過程當中，並在這過程中與祂所創造的空間世界同在。

能對整個佔空間的物質世界擁有完全可以操控的主權，固然也可視為自由或自主的表現。然而，正如赫舍爾指出，在猶太拉比的傳統中，很多時將以色列人比喻為新郎，安息日則被比喻為新娘或女皇，以色列人迎接安息日的臨到，就好像新郎充滿喜悅地迎接新娘或迎接女皇一樣。故此，安息日是尊貴和神聖的日子，也是讓我們經驗和實踐真愛的日子。〔二六〕事實上，上帝寧願在時間的過程中與祂所創造的世界同在，明顯要告訴我們，真正的自由，未必是追求自主和能夠對他者作出操控，反而是一種建基於跟他者建立愛與和諧關係的自由，這種充滿愛的自由也惟有在安息日的時間裏才能臻於完滿，這又是安息日使我們的存在獲得真正自由的另一層含義。正如赫舍爾說：「有一時間的王國，那裏的目標並非擁有而是存在；並非佔有而是付出；並非控制而是分享；並非征服而是在協同裏存在。」〔二七〕

安息日是時間與永恆的接觸點

上文提過，人類要擴張和征服空間的慾望，其實反映了人性裏面往往擁有一種突破限制和自我超越的傾向，人總是擁有一種不斷超越而邁向永恆的無限渴求。這種慾望和渴求，既可透過科技文明的發展來滿足，亦有人藉著因宗教的皈依而獲得上天堂的保證來實現。然而，兩者都離不開從空間的角度來理解和接觸永恆，前者透過擴張和征服此世的空間來滿足，後者則藉著從此世跨越至彼岸來實現。問題卻是兩者都未能適當地處理此世和永恆的關係，前者令到永恆容易被此世同化和吞噬，最終變成一種此世唯物的投射；後者則令到永恆和此世完全隔斷而彼此對立，最終變得過於離世。

其實「非時間的永恆」只是希臘哲學家的觀念，希伯來傳統從來沒有這種永恆觀，希伯來人只會告訴我們如何在時間中經驗永恆或預嘗永恆的生命，而永恆（或那將臨的世界）的特質就是聖潔。

然而，安息日卻捨棄從空間的角度而返回從時間的角度來理解和接觸永恆，正如赫舍爾說：「安息日與永恆是同一的（或說本質相同），這是古老的觀念。」〔二八〕他又引述一個古老傳統的講法：「透過安息日在此世所擁有的那種聖潔，表明了那將臨的世界的特色……安息日所擁有的聖潔，跟那將臨的世界所擁有的聖潔相似。」〔二九〕值得留意的是，那永恆的世界是一個將臨的世界（the world to come），並非一處與世隔絕遙不可及的彼岸，而安息日就是時間與永恆的接觸點，使永恆不再是一種跟時間對立的「非時間的永恆」（timeless eternity），其實「非時間的永恆」只是希臘哲學家的觀念，希伯來傳統從來沒有這種永恆觀，希伯來人只會告訴我們如何在時間中經驗永恆或預嘗永恆的生命，而永恆（或那將臨的世界）的特質就是聖潔。上帝對其六天工作的成果稱「好」，卻惟獨稱第七天為「聖」，「好」是不夠的，佔空間的世界還需要在時間（安息日）裏成聖。因此，由第一天到第七天，正是一個讓空間的世界在時間裏朝聖的過程，而且朝聖的終點不是聖地，而是聖日。守安息日的律法，正是要引導我們的全人（靈魂與肉體）在時間裏全然成聖，讓人明白在上帝的創造旨意裏，人不但跟空間和佔據空間的物質世界打交道，更重要的是在時間裏與那位永

恆聖潔的創造主相遇，藉著守安息日的操練而進入永恆。〔三十〕

難怪赫舍爾說：「第七日是我們**在時間裏**建造的**王宮**。它是由靈魂、喜悅和靜默建造而成的，在它的氣氛裏，紀律是接近永恆的提示。」〔三一〕安息日的紀律，就是節制慾望的屬靈操練。赫舍爾認為，正好藉著守安息日的紀律和操練，來培育出喜悅、平靜、安寧、和諧與平安這些屬於永恆生命應有的優良質素。〔三二〕而且由於在安息的聖日裏，人可以放下工作回到天父的家，享受與上帝同在的喜樂與和平，因此那是跟永恆無限的上帝相遇的時刻，正如赫舍爾說：「安息日是上帝在世界裏的臨在，祂向人的靈魂開放。靈魂在愛裏作出回應，跟那神聖的日子進入團契是可能的。」〔三三〕難怪赫舍爾又認為，安息日好比一道在時間裏打開讓我們觀望到永恆景象的窗戶，連接了時間與永恆，打通了世界跟上帝之間分隔著的深淵。〔三四〕

福生祥香莊

《曼調斯理》

《曼調斯理》原本是張曼娟為《香港經濟日報》所寫的專欄文章，這部文集是作者身在香港並書寫關於台北文化生活的城市隨筆。她透過文章作嚮導，以其廣闊的視野、敏銳的觸覺、輕描淡寫的筆法和簡樸自然的風格，帶領香港讀者隔岸遠眺她長期生活在其中的城市，漫遊一幕一幕她所熟悉的文化風景——西門町十八歲少女的「援助交際」、崔愛蓮之死與台灣的秀場文化、侯孝賢執導的男人廣告、《壹周刊》與狗仔隊進駐西門町、喧鬧的政治選舉、誠品的書店文化……

喜歡過寧靜生活的人，一般都會對城市的喧鬧和俗氣感到厭煩，因此都愛做城市的逃兵，隱居鄉野，過著恬靜的田園生活。張曼娟並不介意自己不夠鄉土，反而迷戀城市的生活，也不介意城市喧嘩的噪音，甚至喜歡天黑之後，佇立在懸空的捷運軌道下面，讓捷運車廂轟隆隆的高分貝聲音經過頭頂。她亦不介意急速的城市生活節奏，甚至喜歡欣賞城市裏忙碌人們急促的腳步。生活在繁華的鬧市中，反而常常令她感覺自己好像走進了遊樂場，對她來説，這個喧鬧的花花世界就是她遊玩的樂園。

不過，在這個遊樂場裏，張曼娟卻要求自己放慢腳步，「我似乎找到一種更合適

張曼娟的其他都會隨筆包括：《愛情可遇更可求》（1997）、《溫柔雙城記》（1998）、《女人的幸福造句》（1999）、《幸福號列車》（2000）、《呼喊快樂》（2002），以及《永恒的傾訴》（2004）等。

的，在城市裏生活的姿態，是一種『慢條斯理』的速度。」因為腳步慢下來，就能夠把城市的風光看得更清楚，把城市的眾生相想得更明白，以致能夠做一個更清醒和冷靜的城市旁觀者，在聆聽喧鬧紛亂的眾聲中仍能忠於自己的言說。故此，當眾人只盲目地維護自己的自由和權益，感性消費文化淹蓋了整個社會，以致連教育也淪為以滿足消費者為大前提的服務性行業的時候，作者仍堅持教育工作者應該要成為心靈工程師，為下一代塑造正確的價值觀，而不是提供「麥當勞式」的服務。「在城市裏生活，沒有自己的主張，是絕對不行的。」這是作者的執著和堅持。由此看來，張曼娟並非厭惡休閑寧靜，也許她仍然喜歡過隱逸的生活，只不過她要做一個城市的隱士。

不要忘記，《曼調斯理》是作者在異地遠距離描寫自己最熟悉、最貼近的城市。從這種書寫的手法看來，她在對城市的迷戀當中，總會同時保持一點疏離；在熟悉中，總會同時保持一份陌生的感覺；在信任中，總會同時保持一些困惑；在貼近中，總會同時保持一段間距。也許這是跟城市相戀必須學會的愛情策略。

事實上，張曼娟也將這套跟城市相戀的策略和哲學，應用在男女的愛情關係之上。「我在單身，過著戀愛生活……我在戀愛，卻過著失戀生活。」戀愛與失戀、結婚與單身、親密與孤獨、滿足與失落、貼近與分離……表面上原本是矛盾的，卻刻意要把它們拉在一起。總而言之，就算要愛，也要愛得若即若離。對張曼娟來說，這是一種很重要的戀愛態度，無論所愛的是城市也好、物也好、人也好，因為惟有這樣，才能在戀愛中，尤其是在迷戀中，彼此雙方仍不因為過度迷糊而失去自己的獨特性。

毫無疑問，張曼娟極力要保存的，就是這個屬於自己的獨特性。因為一旦失去自己，就會同時失去生命裏頭最寶貴的自由，不但淪落成為愛情的奴隸，生命更會被扭曲變形，僵化而死。就好像在〈貯存貓咪的方法〉裏遭人虐待的小貓，被置於一只玻璃瓶內當寵物豢養，貓是活著的，卻不幸失去自由，甚至不能活動，永遠不能成長，臉孔和身體卻因不斷受壓而變形，為的只是要滿足豢養寵物的主人對「小巧」貓咪的「寵愛」（其實是癖好）；玻璃瓶是貯存這種癖好的容器，卻同時成為監禁貓咪的牢獄。這是一則影射奴隸式愛情的寓言，寓言可能是虛構的，但類似的愛情悲劇卻天天在現實世界裏重演。故此，張曼娟認為，想要長久貯存的念頭根本就是虛妄。她甚至認為婚姻只是人類想要長久貯存愛情的玻璃瓶，因此她敢於戀愛，卻拒絕婚姻，選擇單身，讓愛情從婚姻這種束縛的關係中釋放出來，自由自在。誠然，免於操控和束縛的感情關係，追求自由的愛情是值得肯定的事。不過，以婚姻作為貯存感情的容器，亦不一定演變成愛情的牢獄。何況感情和生命一樣，豈能完全沒有任何貯存的容器呢？否則只會散落在虛空之中，永遠漂泊。至少我們每個人都渴望回家，家就是貯存我們感情和生命不可缺少的容器。

也許張曼娟看透了人生的變幻無常和命運的無法逆轉，面對充滿苦難和荒謬的人生，為了讓自己活得快樂一點，她除了掌握上述的愛情策略之外，同時也慶幸自己學會了「在這裏，過那裏的生活」這套生活祕訣。一個人可以離開紐約或日本，身在台北，卻仍然過著紐約或日本的生活，跟上述的愛情策略一樣，同樣收到亦斷亦續、若即若離的效果。「在這裏，過那裏的生活」，無疑是一種生活空間和角色的移位，藉著這種移位，也許可使生命抽離出來，不再無休止地陷溺於困苦的深淵之中。

雖然張曼娟對婚姻看得比較消極，卻不要以為她不重視恆久的愛情，對於現代人呼之則來、揮之則去的愛情故事，她如此慨歎：「愈來愈文明的世界，是否也是一個愈來愈荒瘠的世界，對於愛情而言。」又儘管她主張跟別人保持一種若即若離的人際關係，卻不要以為她感情冷漠；她固然迷戀城市的生活，但城市人的冰冷卻令她感到不安，「為了安全的緣故，許多社區都裝設了監視器……監視器是冰冷的……鄰居是冰冷的，整個社會都被冰冷鎖住。」在《曼調斯理》的文字裏，能經常感受到作者對人對物自然流露的深情。

在有情的天地裏，反而可能因為作者學會了在各種關係中保持距離，也懂得怎樣移位，於是使她更能尊重多元和差異，使她更加懂得欣賞別人。就好像她欣賞九一一災難中捨身救人的英雄，欣賞京都車站巴士司機的謙和有禮，欣賞北海道的年輕導遊阿部的敬業精神。「我們聆聽，我們歌詠，各彈各的調，只希望這些聲調混合起來，能有多一點的快樂，少一點的憂傷。」這是作者自序的結語。

灣仔的時空失序

城市是甚麼？香港是怎樣的一個城市？誰能對此作出詮釋及論述？羅蘭．巴特（Roland Barthes）說：「城市是個論述……我們僅僅藉由住在城市裏，在其中漫步、觀覽，就是在談論自己的城市，談論我們處身的城市。」城市是人們生活和活動的地方，是人們在種種社會關係中去經驗、記憶、滿足慾望與獲得認同的場所。故此，依羅蘭．巴特所言，實有賴於住在這城市的人，透過日常生活實踐去觀看、去閱讀，從而去論述這城市。

我很喜歡電車這種行得夠慢的交通工具，因為慢下來才能更清楚、更仔細地觀賞沿途風光。在講求速度以致要把時空壓縮的年代裏，喜歡這條陪伴我成長的電車線，仍十年如一日地堅持要把時間和空間拉長，刻意要減慢城市空間裏的景物在時間中變遷和消失的速度，讓更多的城市漫遊者能悠閑地放慢腳步，甚至停下來——觀賞、凝視、聆聽、想像、回憶、沉思……

上一次乘電車前往利東街（又名「喜帖街」），已是二〇〇七年十月的事了。記得當時有一種很特別的感覺，電車緩緩地經過繁忙的商業金融中心和鬧市，沿途都是行人和

利東街（又名「喜帖街」），被夷平的城市歷史廢墟。

車輛熙來攘往的街道，四處充滿喧嚷的噪音。但當下車後步入利東街，忽然間好像闖進另一個世界，跟一街之隔的繁忙鬧市顯得有點格格不入。利東街上只有一兩個行人，偶爾只有一兩輛汽車駛過，兩旁是空置破落的樓宇和商舖，行人道上只留下一張被人遺棄的辦公椅和一隻舊衣架，整條街都十分寧靜，但卻有點孤單死寂的感覺，那種寂靜彷彿是對這個過度發展的城市提出一種久延殘喘的控訴。然而，這種寂靜的聲音實在太微弱，不知能吸引多少人聆聽和注意？喜帖街跟天星、皇后碼頭遭遇同樣的命運，畢竟在香港特區政府官員眼中，這些本來承載著集體回憶的城市公共空間，欠缺可觀的經濟價值，於是最終只好變成一堆逐漸被人遺忘，隱沒在鬧市之中等待夷平的城市歷史廢墟而已。

五個月後重遊舊地，再站在同一個城市空間裏，廢墟終於消失了，破落的樓宇和商舖已被夷為平地，過去充滿生氣的喜帖街已正式死亡，合和中心暫時可以無遮無掩地屹立在街道的盡頭，等候比它長得更高的鄰居搬進來。毫無疑問，利東街的寂靜和格格不入很快就會成為過去，回復一般城市應有的繁忙和熱鬧，可能有人會認為這是利東街的再生，不，喜帖街已經徹底死了，永不能再生。

也許龍應台說得對，以經濟、效率、發展作為社會進步指標的「中環價值」已壟斷了或代表了香港價值，以致許多人看不見中環以外的香港。但願我們學會在觀看城市輝煌面貌的時候，不要忘記聆聽他者的微聲；又學會從眼目的情慾轉向聆聽隱匿的他者的聲音，並從看得見的城市中尋覓隱匿的文化歷史廢墟。

離開利東街，又逛到太原街來，表面上，太原街的面貌好像沒有太大改變，賣各式各樣的玩具雜貨、衣著鞋襪、餸菜食品的小型商舖和檔口依然林立。它們大多數只是小本經營，走傳統「做街坊生意」的路線，只賣平價貨，推廣的絕不是那種專買貴價名牌的炫耀性消費文化。故此，這裏最大的特色是夠市井、夠基層、夠地道、夠混雜、夠便宜。祝願太原街最終能逃過香港都市過度發展的宿命，能夠繼續市井、繼續地道、繼續混雜、繼續小本經營。盼望這個現代都市，仍舊容得下太原街這類舊式傳統的消費空間。

在太原街裏，尤其吸引我的是其中一間賣玩具的舊式店舖，因為這裏可以找到自己童年時代流行的玩具。雖然那些玩具肯定不是獨一無二的真古董，只是大量複製的消費商品，而且是複製時間的複製品，我卻仍然甘心情願進入這間玩具舖，就像進入一個複製時間的空間，在裏面消費一種懷舊的時空感覺，更何況可以用金錢將它們買回家去，貯存在擺放裝飾品的櫃裏，延續這種曾經消逝的感覺情懷。我們這個現代城市，一方面喜歡埋葬歷史、鼓吹遺忘、貪新忘舊；但另一方面卻要將時空商品化，消費懷舊的氛圍，藉此緬懷歷史，複製時間。我們的生活，就是如此矛盾和混雜。

漫步於灣仔鬧市中，偶然又在茂羅街發現一座綠色空置舊樓，這破舊的樓宇本身已經很有特色，不過更吸引我的是樓宇下的街道風景。舊樓旁邊開有一間港式茶餐廳，在一列已經結業的店舖門外，以及在旁邊一條陰暗的小巷裏，茶餐廳東主擺放了十多張「摺櫈」「摺櫈」做起生意來，並幾乎坐無虛席，而顧客絕大部分是男性，一邊抽著煙一邊喝咖啡，構成一幅很懷舊、很市井、很地道的人文風景。這令我回想起昔日寒冬時蹲在大排檔喝糖水、吃雲吞麵、「打邊爐」，以及站在「街邊」流動熟食檔旁吃魚蛋和碗仔翅的風味，以前這種在「街邊」這類公共空間進行的飲食文化，本來就是港式飲食文化的一大特色，可惜隨著現代都市化的發展，政府以有損市容為由，這種最地道的飲食文化空間也逐漸被蠶食。同樣位於灣仔的時代廣場，便曾被人批評多年來佔用了本來屬於公眾的公共休憩空間並把其出租賺錢。茂羅街的茶餐廳，無疑也是非法佔用了公共空間以謀取私利，將公共空間商品化。不過後者的貢獻，卻在於為這個城市保存了已逐漸失落的港式飲食文化空間。

每年三月初是中國傳統習俗「驚蟄」的日子，灣仔的鵝頸橋可算是每年一度「驚蟄」「打小人」的「聖地」。位於時代廣場毗鄰的鵝頸橋，雖然在地理空間上跟時代廣場只是咫尺的距離，卻形成兩種有很大差別的空間感覺。時代廣場給人的空間感覺是立體、寬敞、現代、理性、明亮、整齊、潔淨、秩序；可是，尤其在「驚蟄」的日子，鵝頸橋給人的空間感覺卻是平面、狹窄、古老、非理性、陰暗、凌亂、混濁、失序。這種空間感覺其實也貫徹中國傳統民間宗教給人的感覺和印象，而且像「驚蟄」這類民間宗教，也跟上述的港式飲食文化相似，同樣屬於一種在「街邊」這類公共空間進行的文化活動；相比於主要在教堂或廟宇內進行宗教活動的宗教，「驚蟄」的宗教空間是另類的。有趣的是，這類佔用公共空間（其實只是佔用天橋底這類剩餘空間）進行宗教活動的民間宗教，卻不容易被容納於公共空間之中，它們通常都會被現代都市邊緣化，就像鵝頸橋彷彿被時代廣場邊緣化一樣。很難想像，有一天可以在時代廣場的休憩用地上舉行「祭白虎」和「打小人」這些宗教儀式。

來到灣仔，自然想起已經結業的「曙光」和「青文」，在不少文化人和讀書人的心目中，這兩間連成一體的閣樓書店，就是灣仔電車路旁的文化地標，亦是香港這個文化沙漠的荒漠甘泉；它們在隱閉的城市角落裏，默默地守護著香港的一塊文化園地，可惜最終它們還是要被這個商業掛帥的城市所淘汰。今天，沒有「曙光」和「青文」的灣仔，也沒有甚麼大不了，因為灣仔依舊繁榮，依舊喧鬧。很少人會關心「青文」的結業，相信更少人會關心及留意「青文」的老闆羅志華的死訊。「青文」結業後，羅便租了一個貨倉存放剩下來的書籍，豈料他在貨倉整理書籍時，遭二十多箱塌下來的書活埋，最終失救而死。羅的老朋友馬家輝說：「賣書者死於書堆中，是一種黑色幽默」，又認為「他死得很文學性」。沈殿霞之死，固然令人傷感，全城轟動，眾人在悼詞中紛紛許諾，永遠會把她的笑聲藏在心裏。羅志華那被認為黑色幽默之死，卻有多少人會記念？香港人的心一早被娛

電車在繁忙鬧市中緩慢地移動，刻意拖慢城市人的腳步。

樂圈的藝人奪去了，已是不爭的事實，因此我們會連藝人的私生活或家事也關心起來。然而，當我們能容納娛樂圈這個廣闊的演藝空間，卻連「青文」這樣一個狹小的文化空間也容不下的時候，我們是否更需要為此而哀悼？

眼見政府那過度迷信現代化的城市規劃，要將灣仔整理成愈來愈一式一樣和秩序井然的社區的時候，自然想起雅各布斯（Jane Jacobs）在《美國大城市的死與生》（*The Death and Life of Great American Cities*）裏對城市規劃的睿見。不少人可能會誤以為城市的多樣化和混合性會帶來混亂、交通阻塞和有礙觀瞻的負面後果，但雅各布斯認為這些只是對城市多樣性的誤解和迷思。她指出，城市的多樣化和混合性不但不會造成混亂，反而代表了一種高度發展的複雜的秩序。相反，上述那種傾向一體化的規劃，只是代表了一種單調乏味的秩序，這種秩序在深層次上反而是一種混亂和失序，因為在千篇一律的城市空間裏，人們就容易陷入迷失方向的混亂當中。因此，雅各布斯再三強調，如果想繼續維持一個城市的生命和活力，就必須珍惜這個城市長期以來形成的多元性和混合性。

當行人道上的城市人繼續爭先恐後，馬路上的車輛繼續風馳電掣，港鐵列車繼續分秒必爭地高速奔馳的時候，電車卻仍默默地堅守它的崗位，依然在繁忙鬧市中緩慢地移動，刻意拖慢城市人的腳步，繼續履行其拉長時間和空間的神聖任務，以此守護著這個貪婪和急躁的城市。

旺角的馬賽克城市風光

香港是一個愈來愈令人感到沉悶的現代化城市，因為它的城市規劃和建築設計愈來愈整齊劃一和單調乏味。根據雅各布斯在《美國大城市的死與生》的講法，惟有成功保存一個城市的多樣性，才能使該城市繼續展現活潑的生機。不過她指出，要擁有四項條件才能使城市的街道和地區生發多樣性。環顧香港各區，相對來說旺角也許是一個較接近雅各布斯所描述的多元化社區。

第一，社區必須擁有多種功能的混合用途。旺角最大的特色正是如此，它既是商業區，又是住宅區；既有讀書人和文化人經常流連的西洋菜街閣樓書店，又有霓虹燈和黃色招牌林立的砵蘭街紅燈區不夜城；既能夠在上海街找到有關風水命理及售賣棉被裙褂這類具有中國傳統文化特色的店舖，又有專賣青少年潮流產品及服飾的信和中心、新之城和潮流特區；既有像麥當奴、KFC、星巴克這類體現全球性飲食文化的食肆和咖啡店；又有最富地道色彩的港式茶餐廳；既有市集式攤檔的女人街和花園街，又有新世紀廣場和朗豪坊等現代化大型購物商場。此外，還有專賣電腦用品的旺角電腦中心，專賣各類數碼電子產品的先達廣場，專賣名牌運動鞋的波鞋街，專賣金魚的金魚街，專門賣花的花墟道，專賣氣槍和軍事用品的槍街，以及集中各大小旅行社的銀行中心等。由於上列的多功能的混合式用途集於一區，於是吸引了不同年齡、不同需要及不同文化背景的人士在不同時段於這區消費，這樣便確保有足夠的人流令區內各式各樣的商舖繼續存在。

第二，大多數的街道的路段必須要夠短。除了彌敦道和亞皆老街一兩條主要大街之外，旺角區的街道一般都符合上述短而窄的條件。行人在這些街道上閑逛，可以很容易拐彎，左穿右插，在波鞋街拐過彎就輕易轉入「女人街」，再過一個路口就很快來到西洋菜街行人專用區。沿途風光多采多姿，不覺單調沉悶，不同特色的街道因其夠短的特性，不但不會彼此分隔，反而互相通達，連成一體，使其亂中有序，多元中見合一，構成一幅馬賽克式的城市風景。

第三，必須保存不同年代不同特色的建築物，雅各布斯更強調，一個具有活力和多元化的城市，老舊的建築物是不可或缺的。香港近年的舊區重建計劃的一個趨勢，就是不斷棄舊迎新，不斷拆卸舊建築物；取而代之的，是幾乎千篇一律的現代化建築。朗豪坊就是這種典型的都市發展的產物，幸好旺角的上海街和新填地街還大致保持原貌，並保存著香港人在五、六十年代住唐樓的集體回憶。

第四，人流密度可以決定一個社區的生死，因此必須要保持足夠高的人流密度，才能養活一個社區，尤其是一個多元化的社區。中環就是典型例子，由於它純粹是以辦公室

旺角的馬賽克城市風光。

和寫字樓為主的金融商業區，也走單一的高消費路線，因此在下班時段過後，人流密度便極低，那時中環猶如一個死城。旺角卻不同，它算是全港人流密度最高的社區，因此這裏充滿商機，也因而充滿生機，養活了這個多元化的社區，且因著其多樣性，到頭來又吸引更多人流，引發一種良性的因果循環。

一個在城市規劃和建築的硬件上能夠保持多樣性的社區，亦能塑造出一個社區的多元文化面貌，旺角的文化面貌正是如此地有相當程度的混雜性。

旺角固然是消費聖地，但與金鐘、尖沙咀和銅鑼灣比較起來，它總給人一種走中下階層檔次較低的路線的印象。事實上，旺角也給人一種較「草根」、較「雜」的印象，是三山五嶽人馬經常出入的地方，不少描述黑社會活動的電影都會在這裏取景。話說回來，香港其他社區很少能夠形成屬於自己社區特色的文化，旺角卻例外，它有屬於自己特色的「MK文化」，由「MK仔」、「MK女」到最近新興的「潮童」，雖然他們的服飾打扮、行為舉止、消費模式和生活型態也有很強的模仿和跟風的味道，但亦不失旺角那種夠混雜和夠基層的風格。

然而，旺角又有另一種文化面貌。記不起從哪時開始，我總愛每隔一、兩星期便往西洋菜街跑一趟。每次來到這裏，為的只是探訪那些躲在閣樓裏彷似被街上熙來攘往的城市人遺忘了的書屋，享受那既身處鬧市而又遭人遺忘的尋書樂趣。多年來，逛書店和打書釘已成了我主要的休閒活動，於是腦袋裏已累積了一些熟悉的書樓名字——「田園」、「榆林」、「樂文」、「梅馨」、「序言」、「大陸」、「文星」。以前還有兩個改得特別美的名字，一個是「還讀書樓」，另一個是「東岸書店」。混雜在追求滿足物慾消費的繁囂鬧市之中，隱藏在書籍與文字逐漸被影像驅逐與遺棄的年代裏，這些書店仿如一股濁世中的清流，仍在向我們見證書香與文字那無法抗拒的魅力。

這些閣樓書店有時也會定期舉辦一些讀書會或專題講座，有一次坐在「序言書店」近街的玻璃窗旁，一面聆聽馬國明講解本雅明（Walter Benjamin）的思想，一面欣賞玻璃窗外逛街的行人和旺角的城市風貌，自然想起本雅明筆下巴黎拱廊裏和街道上的都市遨遊者（*flâneur*），他們是喜歡隨意流動和游手好閒的浪蕩子，總愛無所事事和漫無目的地在街道上閑逛，不過他們的生活哲學跟為數眾多的「hea 人族」和「潮童」肯定截然不同。表面上游手好閒、漫無目的和無所事事的遨遊者其實懷著一個重要目的，就是要將游手好閒和無所事事變成他們的職業和工作，將街道變成他們的居所，要踐行的是一種彷彿無為其實有所為的生活。

遨遊者屬城市裏另類的小眾和邊緣人，但不要以為他們必然不吃人間煙火，遺世而獨立，本雅明筆下的遨遊者不是這樣的人。他們偏偏喜歡生活在大城市裏，穿梭於車水馬龍的繁囂鬧市之中，散落在營營役役的人羣裏面，不過卻沒有被同化。在千篇一律和急速緊張的都市生活之中，他們卻會牽著烏龜在商場內閑逛，讓烏龜來決定步伐的快慢和擬定生活的節奏，隨時隨地招搖過市地展現隨意遨遊的悠閑身影。因此，遨遊者的悠閑是屬於公眾的，閑逛是發生在商場和街道這些公共空間裏的，是在公開的場景裏向公眾表演的另類視覺經驗，也是對資本主義和現代化的一種批判。由此可見，遨遊者始終沒有離開人羣，卻往往只會被羣眾所遺棄。他們站在城市的十字街頭，當熙來攘往的人羣在身邊擦身而過的時候，那份孤獨感覺自然就會湧上心頭，不過他們仍會堅持並不輕易放棄要履行的文化使命，他們要用自己的雙腿，來見證在現代化和資本主義消費文化裏精神的無所歸依和永恆飄泊。

無論「MK仔」、「MK女」、「潮童」、「hea人族」也好，抑或都市遨遊者也好，讓我們也齊來欣賞旺角的馬賽克城市風光。

深圳——肉身性消費休閑的翻版城市空間

對大部分香港人來説，消閑無非就是要減壓，盡量滿足肉身的需要，以及為刻板沉悶的生活加添一些娛樂的色彩。消閑的生活就是「最緊要好玩」，好讓疲累的身軀得到休息和解放，讓緊張焦慮的情緒得到舒緩。此外，香港人亦愈來愈喜歡離港外遊，無疑空間上的間隔和離開，在心理上確能收到強化放假消閑感覺的功效。這種現象完全可以從坊間熱賣的旅遊天書反映出來，它們幾乎全部都以吃喝玩樂和購物等消費活動作為消閑的指標和賣點。

毫無疑問，深圳已成為香港人心目中消費娛樂的理想地方。由於往深圳需要辦理出入境手續，於是在心理上已經製造了離港外遊的感覺。但它其實近在咫尺，交通方便，又能較便宜地滿足一般吃喝玩樂和購物消費的慾望，可謂非常符合香港人對消閑的期望，彷彿為他們的需要度身定造似的。故此，每逢週末或短假期，不少香港人都已經習慣北上消費娛樂。

深圳經濟特區由四個區組成，分別是羅湖區、福田區、南山區和鹽田區，當深圳地鐵還未通車時，羅湖區是香港人最主要的娛樂消費空間，並以火車站附近的羅湖商業城和東門作為中心。這裏除了能滿足遊客一般的吃喝玩樂和購物消費的慾望外，較為特別的是，這裏還佈滿了大大小小為數眾多的各式各樣按摩場所，由低檔的中式按摩到近年流行的高檔香薰水療按摩，總之羅湖區可謂成了深圳市主要的「按摩區域」。按摩可以説是近年港人北上消費或「歎世界」的主打項目，在大部分香港人和深圳人的心目中，「按摩」幾乎就是「休閑」的同義詞，事實上那些按摩中心往往就是以「XX休閑中心／休閑會所」來命名，近年更與身體的健康連上關係，故此亦愈來愈多按摩中心以「XX保健中心／健康會所」命名。當然，有些按摩中心更牽涉到色情事業。總之，深圳按摩場所的消閑空間，完全體現和純粹打造了「休閑」的肉身性的文化特徵。

隨著港鐵落馬洲支線通車，以及福田口岸和深圳灣口岸的落成使用，現時由東至西貫穿港深兩地的海關口岸已增加至六個，再配合不同種類的交通工具，來往港深兩地已變得極為方便。隨著地域性的邊界逐漸模糊，便意味著香港和深圳兩個城市空間雖然仍有文化上的距離，但當中的差距已逐步收窄。最明顯的就是兩地的城市景觀已愈來愈相似。以往一出羅湖口岸，總是給人一種擠迫凌亂和骯髒混雜的典型中國城市的感覺，但近年落成的羅湖站地鐵廣場，可謂令人眼前一亮，充分反映現代崇尚簡約主義的建築設計美學。事實上深圳地鐵沿線的區域，近年相繼有大量的玻璃幕牆大型商業建築物、大型購物商場及私人豪宅落成，令人穿梭於深圳市的街道和那些現代建築羣中，猶如身處香港，整個城市景觀彷彿就是香港的翻版。

一直以來，羅湖商業城和東門這些消費空間，總是讓香港人對深圳留下了治安差、龍蛇混雜、充斥冒牌翻版貨和假人民幣的城市印象。然而，隨著深圳地鐵通車，以及福田口岸和深圳灣口岸的落成使用，深圳的消費城市空間不但逐漸由羅湖區沿地鐵線向西擴張，而且亦愈來愈給消費者留下現代化和中產化的城市感覺。如羅湖區的新地標商場萬象城，裏面滿佈名店、高級食肆、咖啡店和深圳版 City'super 的大型超市；福田區的怡景中心城商場、購物公園 Coco Park；南山區的花園城中心、海岸城和保利文化廣場等。這種以商場消費文化為主導的城市景觀，其實是千篇一律地複製香港的商場空間和消費符號，是從香港直接挪用過來再翻版的消費空間。如此，港深兩地的分界與差異便更加模糊了。

深圳的消費城市空間，除了主要由按摩場所和商場空間構成之外，在城市東西部的外圍區域（西部發展較早），先後興建了多個佔地廣闊的主題樂園，包括有西部華僑城區的中國民俗文化村、世界之窗、歡樂谷；以及在鹽田區以瑞士小鎮風光為設計藍本的東部華僑城。它們最大的共同特色就是複製異地文化，為深圳市構成版圖廣闊並疑似異域的消費娛樂空間。如此，由外圍到核心，整個深圳市的城市空間就成為翻版的複製品，缺乏真正屬於自己獨有的文化特質和個性，亦貶抑了深圳自身的社區意識。當然，這種城市空間的設計，其實只有一個最重要的經濟目的，就是透過娛樂消費工業來將城市空間商品化。賦予城市空間某種消費符號，便可以把它變成經濟產品來牟利，最終無非是要貫徹和實現深圳作為經濟特區的身分和任務。

可能為了平衡這種過度肉身性和商品化的消費城市空間的印象，深圳近年亦大力拓展一些精神性和藝術性的文化空間。除了鹽田區外，其他三個區都陸續興建大型書城和購書中心，其中包括位於福田區號稱世界面積最大的深圳書城中心城。在這個書城附近，更興建了深圳市少年宮和音樂演奏廳，可見深圳市政府似乎有心在這區域內塑造出一個精神性的消閑文化空間。除此之外，西部華僑城區也是市政府要打造的另一個城市文化空間，如果北京有七九八，上海有康泰路，深圳近年也有由舊工廠建築物改建而成的華僑城創意文化園，有不同的藝術單位進駐園內。在華僑城區內，還有一間何香凝美術館，可以在那裏欣賞到來自本土或世界各地的藝術展品。然而，除了書城之外，這類強調精神性和藝術性的創意文化空間，仍只是屬於小眾的領域。不過打造這種較高格調的波希米亞文化形象，對深圳經濟特區發展娛樂消費的旅遊文化工業，始終是有正面幫助的。

註釋：

赫舍爾：安息日使存在在時間中成聖

〔一〕 社會學家鮑曼（Zygmunt Bauman）認為，福特主義是處於「沉重的」、「龐大的」，或者「靜止的」和「根深柢固的」、「固態的」時期的現代社會的自我覺醒（self-consciousness）。參鮑曼：《流動的現代性》，歐陽景根譯（上海：上海三聯書店，2002），頁 88~89。

〔二〕 著名的空間理論家列菲伏爾（Henri Lefebvre）就曾經提出過「空間的生產」（production of space）的觀念，這重要的觀念對往後的都市理論和城市空間的研究具有很大的影響力。參 Henri Lefebvre, *The Production of Space* (Oxford: Blackwell, 1991)。

〔三〕 布希亞（Jean Baudrillard）在其著作《物體系》（*Le système des objets*）中，對消費物品作了深入的分析，指出物品可以有功能性及符號性兩種區分，後現代的消費主義則比較看重物的符號的象徵性，是從物的消費到符號消費、從強調功能性到象徵性的轉變。換言之，對消費者而言，符號比物本身更具消費價值。

〔四〕 鮑曼：《流動的現代性》，頁 181~184。

〔五〕 Abraham J. Heschel, *The Sabbath: Its Meaning for Modern Man* (New York: Noonday Press, 1994), 3.

〔六〕 Heschel, *The Sabbath*, 27.

〔七〕 Heschel, *The Sabbath*, 3.

〔八〕 參 Heschel, *The Sabbath*, 98~101。

〔九〕 參 Heschel, *The Sabbath*, 3。

〔十〕 Heschel, *The Sabbath*, 6.

〔十一〕 Heschel, *The Sabbath*, 6~7.

〔十二〕 參 Heschel, *The Sabbath*, 4。

〔十三〕 Heschel, *The Sabbath*, 8. 莫特曼（Jürgen Moltmann）亦曾在其著作中引用赫舍爾這觀點來討論安息日神學。參莫特曼：《公義創建未來：和平政治與造物倫理》，鄧肇明譯（香港：基道書樓有限公司，1992），頁 82；另參 Jürgen Moltmann, *God in Creation: An Ecological Doctrine of Creation* (London: SCM Press, 1991), 283~287。

〔十四〕 Heschel, *The Sabbath*, 8.

〔十五〕 Heschel, *The Sabbath*, 10.

〔十六〕Heschel, *The Sabbath*, 10.

〔十七〕Heschel, *The Sabbath*, 9~10.

〔十八〕Heschel, *The Sabbath*, 6.

〔十九〕參 Heschel, *The Sabbath*, 14, 21~24。

〔二十〕參 Heschel, *The Sabbath*, 6。

〔二一〕Heschel, *The Sabbath*, 100.

〔二二〕Heschel, *The Sabbath*, 27.

〔二三〕參 Heschel, *The Sabbath*, 28, 89~91。

〔二四〕Heschel, *The Sabbath*, 100.

〔二五〕Heschel, *The Sabbath*, 99.

〔二六〕參 Heschel, *The Sabbath*, 48~62。

〔二七〕Heschel, *The Sabbath*, 3.

〔二八〕Heschel, *The Sabbath*, 73.

〔二九〕Heschel, *The Sabbath*, 73.

〔三十〕參 Heschel, *The Sabbath*, 73~76。

〔三一〕Heschel, *The Sabbath*, 14~15.

〔三二〕參 Heschel, *The Sabbath*, 22~23。

〔三三〕Heschel, *The Sabbath*, 60.

〔三四〕參 Heschel, *The Sabbath*, 16。

叁

曠野・行旅・回家

如果人生路就是一條回家的安息之旅，家不僅是一處地方，也不僅是一處終點站，而是上帝的臨在和同住。

曠野・安息・退隱：馬可福音一至三章

「曠野」、「安息日」和「退隱」這些觀念在馬可福音第一至第三章裏經常出現。「曠野」屬於空間性的觀念；「安息日」屬於時間性的觀念；至於「退隱」，則含有「退出」、「撤離」、「放下」、「捨棄」、「止息」、「隱藏」和「易位」的意思，它又跟前面兩個觀念有直接的關係。「曠野」是「退隱」的地方和空間，「安息日」則是「退隱」的日子和時間。

> 「曠野」是「退隱」的地方和空間，「安息日」則是「退隱」的日子和時間。

馬可福音第一章開頭的場景就是曠野，記載了施洗約翰在曠野傳悔改赦罪的道和洗禮的故事（參可一1～8）。這位在曠野事奉的傳道者，過著的是非常簡樸的生活（參可一6），不過，更重要的並非外在物質生活享受的問題，而是內在生命是否有一種謙卑簡樸的屬靈質素。約翰說：「有一位在我以後來的，能力比我更大，我就是彎腰給他解鞋帶也是不配的。」（可一7）這是何等謙卑的說話！

施洗約翰本來比耶穌早出道，按理他的工作資歷不會比耶穌遜色。不過約翰知道耶穌比自己更有能力；更重要的是，由於他願意聆聽和順服上帝藉著先知所講的說話，因而能夠認清自己的身分——耶穌的使者和先鋒（參可一2～3）。因此，當耶穌這位主角出場，施洗約翰就甘願謙卑**退隱**下來，這也是一種**易位**的行動。

馬可福音只用了很短的篇幅記載耶穌受洗及受試探這兩段非常重要的故事（參可一9～13）。耶穌是**退隱**到曠野受試探的，曠野的誘惑無非來自人對物質、權勢、能力、名譽、財富等慾望的追求，而具有完全人性的耶穌，同樣要面對這些人性慾望的誘惑。根據三卷符類福音的記載，剛剛於受洗時被上帝稱為愛子的耶穌，被聖靈「催到」或「引到」曠野接受試探，明顯聖靈在這件事情上扮演主動及主導的角色；本來擁有尊貴身分的耶穌，到頭來卻被動地順服聖靈的引領，這種被動和順服本身已是一種**隱藏**自我的表現。如果細察馬太福音和路加福音的經文，我們有理由相信，耶穌並非靠著超自然的神性力量，也不是因為祂擁有上帝永遠不可能犯罪這種先天的免疫能力而勝過試探。他勝過試探的原因，完全在於無條件地倚靠聖靈的引導以遵從父上帝的說話，以致能夠**放下**或**捨棄**上述的慾求，勝過魔鬼的誘惑。本來擁有至高尊貴神性身分的彌賽亞，卻降卑成為人，取了奴僕的形象，甚至在曠野受試探，**隱藏**自己的神性，這就是最徹底的**易位**行動。

當然，耶穌退隱曠野，最終是為了進入世界，宣告天國的福音，呼召門徒（參可一14～20）。跟從主作主門徒本身也是一種**退隱**、**捨棄**和**易位**的行動，需要從原本的工作崗位退下來，捨棄原本的事業和生活方式，更換身分和位置，由本來扮演兒子和僱主的角色變為耶穌門徒的角色。

跟著下來，馬可福音一章21～28節記載了耶穌在「安息日」進入會堂講道和趕鬼的故事。因著工作的果效，耶穌開始有了名聲，聲譽更傳遍加利利的四方，吸引不少慕名而來的羣眾，到處受人歡迎，同時也令人開始覺得他滿有權柄（參可一32～34、45，三7～10）。可是，早前在曠野遇上的誘惑，會隨時隨地再次重現。

按照我們的人性和心理需要，總是渴望被人認同，喜歡到處受人歡迎，渴慕別人的掌聲、肯定、讚賞、稱譽、甚至奉承。故此，「羣眾」往往容易成為我們陷入試探的誘因，因為我們需要面對羣眾，需要在羣眾當中存活，誘惑正由此而生。想像如果上述的境況發生在我們身上，當羣眾紛紛慕名而來並蜂擁而至的時候，我們面對的試探，就可能是千方百計也要繼續保持美好的名聲，要不斷成功地爭取業績來贏取羣眾的肯定和認同。當羣眾只是聚焦於個人需要，認為我們就是能夠滿足或解決他們各種疑難雜症及有求必應的救星的時候，我們面對的試探，可能就是把自己沉醉於忙碌的工作之中，愈忙就以為自己愈有價值，覺得自己愈來愈重要，愈來愈偉大。這樣下去，很容易只是為了滿足和迎合羣眾的需要或口味而做事，逐漸只會被羣眾牽著鼻子走，隨波逐流，迷失了自己，也迷失了事奉的方向。

耶穌卻比我們清醒，他不會忘記退隱曠野的屬靈操練，並繼續以「退隱」的策略來抵禦來自羣眾和魔鬼的誘惑。當耶穌被羣眾簇擁包圍及忙碌工作的時候，他馬上離開人羣，退到曠野（參可一32～35）。當面對被指犯了安息日之後，「耶穌和門徒退到海邊去。」（可三7）但羣眾仍不放過他，依然從四面八方蜂擁而來，「他因為人多，就吩咐門徒叫一隻小船伺候著，免得眾人擁擠他。」（可三9）跟著耶穌更上了山（參可三13）。又當耶穌醫治長大痲瘋的病人的時候，其實曾經嚴嚴地囑咐他：「你要謹慎，甚麼話都不可告訴人。」（可一44）可惜那人出去，便把這件事傳揚開去。不過耶穌仍盡量避開人羣，退到曠野去

（參可一45）。當污鬼指出耶穌是上帝的聖者的身分時，耶穌卻命令污鬼不要作聲；在另一個趕鬼的場合中，耶穌亦再次不許認識他身分的鬼說話（參可一24～25、34）。總之，耶穌刻意要隱藏自己那上帝兒子的身分（參可三11～12）。縱觀以上經文，很明顯耶穌三番四次要**隱藏**自己的工作成效和尊貴的神聖身分；而且有需要時，他又刻意「撤離」人羣，跟羣眾保持距離，這種人與人之間的距離或界線其實非常重要，它為人際關係製造了很重要的個人空間，減低了彼此透過關係來互相操控的危機。耶穌這種「退隱」的策略，不僅讓自己，也讓羣眾免於落入名譽權勢的誘惑當中。

「曠野」在耶穌事奉和屬靈生命中扮演非常重要的角色。它是耶穌工作和行動中可以退下來的地方，也是耶穌為解決羣眾需要而奔波時，可以獨處隱藏的空間。當然耶穌退隱到曠野最重要的目的乃是祈禱親近父上帝（參可一35、三13，路六12）。曠野是一處簡樸的地方，沒有容易令人分心的事情會發生，可以在那裏學習孤寂、獨處、專注、安靜、禱告，在那裏個人單獨與上帝在一起，專注於祂，重建以上帝為中心的屬靈生命。

除了「曠野」之外，「安息日」也是上帝為我們學習「退隱」而設的。上帝在十誡中清楚囑咐祂的子民要守安息日，要停止作工，因此當法利賽人看見耶穌的門徒行過麥田掐了麥穗的時候，便發出指控：「他們在安息日為甚麼做不可做的事呢？」（可二24）表面上法利賽人的指控是對的，守安息日的誡命就是要我們明白，人生中哪些事情我們應該要有所為哪些卻可以有所不為，以及要知道在適當的時候有所為和有所不為，正如六天是適當的工作時間，而第七天就應該是適當的時間退下來，停止工作。工作有時，安息有時；進有時，退有時，正因耶穌深明此理，所以在上述一些境況下，祂作出了隱藏自己工作成效及神性身分的選擇，只是因為時候未到，或時機尚未成熟。可惜我們很多時卻只爭朝夕，急於求成，反而進退失據，方寸大亂。

不過，我們仍可以問：上帝為何既要工作又要歇下祂的工呢？人生為何要有進有退，有所為有所不為呢？莫特曼（Jürgen Moltmann）給了我們一個很好的解釋。在頭六日「說有就有，命立就立」的創世工作裏，可謂一切都在上帝自由獨斷的意志底下運作，如果僅有頭六日，世界很容易變得好像落在上帝手中完全被祂掌握和操控。但在安息日裏，上帝透過「歇下工作」這種「退隱」、「撤退」或「放手」的方式，馬上便為世界營造一個空間，世界便被賦予一種在上帝面前成為自己的自由。原來空間和自由正是守安息日最重要的精神，它要體現的是上帝的自由，以及世界和人的自由；當然，世界和人的自由，必然是自由的上帝的恩賜或禮物。難怪耶穌說：「安息日是為人設立的，人不是為安息日設立的。所以，人子也是安息日的主。」（可二27）在聖經的脈絡裏，這句話有著承上啟下的作用，既是耶穌針對上文提到法利賽人所作指控的回應；又是耶穌對下文記載他在安息日醫治那枯乾了一隻手的病人的解釋。事實上耶穌可以死守律法，延遲一日醫治也沒有問題，但枯乾的手是束縛那病人生命的一種很大的限制（他可能因那枯乾的手而不能自由地工作），既然人子是安息日的主，安息日又是為人設立的，耶穌就沒有理由不在安息日醫治這人，使他得到自由。

可惜不少人好像文士和法利賽人一樣，將守安息日的誡命扭曲成綑綁上帝和他人生命的枷鎖。同樣是那條上帝所頒布的誡命，為何耶穌跟文士和法利賽人可以有不一樣的詮釋？問題的核心仍在於「空間」二字，可能文士和法利賽人那種太過自我中心和自以為是的性格和態度，令他們凡事都只從自己的角度去看問題，逐漸形成一種牢不可破的框框，而且只執著這個框框去生活，導致自己沒有空間，更不容許他人有空間。守安息日的誡命，其實是上帝給人學習「退出」、

「撤離」、「放下」的功課。所謂「退一步，海闊天空」，就好像馬可福音二章1至4節的描述：耶穌在一間房子裏講道，擠滿了羣眾，房子內完全沒有空間，連門前都沒有空地，抬癱子那四個人，如果繼續獨沽一味硬闖，可能未必能夠成功將癱子送到耶穌跟前，但他們卻能夠變通，拆通房頂，把癱子連所躺臥的褥子都縋下去。果然退一步就海闊天空，從擠滿人羣的房子退出來，因為抽離了，於是可以站在較遠的距離看得客觀一點，反而更有助於認清整個形勢。又或者，由於從一個不同的角度去看問題，以致可以看出一個嶄新、不同的局面，這豈不也是一種「易位」行動所帶來的果效麼？

人生作息之旅：
出埃及記十六章至十七章7節

上帝照著自己的形象樣式造人之後，馬上給人的第一個召命不是別的，正是管理大地的工作（參創一26）。而且上帝更將這工作的召命，跟人有上帝形象樣式這本然的人性連上關係，如此的人性（存有）才能實現如此的工作（行動），如此的工作就能表彰如此的人性。換言之，按照上帝創世的心意，人的工作絕對不是苦差，工作也不是為了餬口和生計，更不可能是破壞大地和扭曲人性的活動。相反，工作是上帝賦與人的恩賜，是上帝給人神聖的使命，是成全人性的行動，是上帝透過人對被造世界的祝福，也是上帝和整體受造世界和諧關係的實現。

只是亞當犯罪之後，大地因他的緣故受咒詛，神聖的工作最終變成一生勞碌的苦差，祝福變成咒詛，需要汗流滿面辛勞工作才得餬口，工作因為人的犯罪而變質，人性的扭曲也帶來工作意義的扭曲，工作變成奴役人與壓制人的工具。以色列人在埃及為奴做苦工，被埃及人欺壓就是典型的例子。由於他們無法忍受苦工的壓迫，就歎息哀求，於是上帝差派摩西拯救以色列人從工作的奴役中釋放出來，出埃及，入迦南。

雖然昔日在埃及為奴做苦工受人欺壓，但在非人性化的轄制和壓迫底下，反而逼出高的生產力；何況辛勞之後，至少也換來「坐在肉鍋旁邊吃得飽足」的「報酬」。歸根究柢，人生最重要的目標，豈不是為了最基本的生存和肉身慾望的滿足麼？如今來到這物質缺乏的荒野路上，固然沒有天天新款的美味佳餚可供享用，甚至可能連最基本的物質需要（食物和水）也成問題，想到這裏，以色列人便怨聲載道，繼而表示甘願走回頭路返回埃及享受肉鍋；他們寧願接受工作的奴役，以人性自由作為換取物質享受的代價，也不想餓死荒野。

上帝卻沒有因為以色列人的愚昧無知而袖手旁觀，祂反而藉此機會要給他們屬靈的操練；值得留意的是，上帝並不認為只有靈修、祈禱、讀經、默想才能操練靈性，其實日常的生活作息皆可成為屬靈生命的操練。一方面上帝按時將糧食（嗎哪和鵪鶉）從天降下來賜給他們，解決他們生存的問題，滿足他們肉身的慾望和需要；另一方面，固然嗎哪和鵪鶉全是上帝供應的恩典，是從天而降的禮物，不過祂又不想人只懂不勞而獲，於是要求他們每天要出外收取每天的食物，並且要烤要煮，這些就是以色列人四十年來的日常工作。

上帝從來沒有否定人的物質需要和慾望，不過人的慾望實在無窮，正如今天的消費主義，就是要以不斷燃起人的慾望為目標。但過度的縱慾，只會令人愈來愈以自我為中心而忘掉他人的需要，甚至會破壞人與人之間的和睦關係，就好像以色列人的埋怨和爭鬧一樣。於是，上帝以定量的工作成果和定時的工作模式來操練以色列人的屬靈生命。上帝規定第一至第五天，每人每天只可收取一俄梅珥定量的食物，第六天可收取雙倍分量，預留作安息日之用；此外，上帝每天供應的食物並非天天新款，卻是十年如一日單調乏味的嗎哪和鵪鶉。然而，上述的安排和規定，歸根究柢都是要「試驗他們遵不遵我的法度。」（出十六4）屬靈操練最終的目標，離不開順服上帝及遵行上帝的命令，物質的需要和慾望絕不能高過上帝的說話，人跟自身慾望的關係更不應取代人跟上帝的關係。在現代社會充滿慾望的消費生活裏，我們實在需要退到曠野實踐簡樸的生活，學習放下自我、順服上帝、依賴他人。

在現代社會充滿慾望的消費生活裏，我們實在需要退到曠野實踐簡樸的生活，學習放下自我、順服上帝、依賴他人。

同時，在曠野的安息日操練裏，上帝規定每天的早上收嗎哪，晚上收鵪鶉，安息日則不可工作。上帝如此安排，無非要操練以色列人學習以大自然運行的時序來管理人的作息，正如農耕社會日出而作、日入而息的生活，而並非好像現代人那樣反過來支配時間，日夜顛倒地作息。上帝無非要人享受配合大自然運行而生的生活節奏感。

每逢讀到以色列人出埃及這段故事的時候，不少人總是將重點放在那流奶與蜜的應許地上，迦南被視為朝聖者夢寐以求的朝聖目的地，如此的閱讀和詮釋，無疑含有較重目標導向的味道。不但如此，現代人的時間觀令我們很急功近利，以致更關心的是如何走捷徑達到目標。然而，上帝似乎並不認為目標比過程重要，如果祂僅以目標導向來行事，祂就應該選擇最快能達到目標的途徑。事實上，祂本來可以帶領以色列人走捷徑直入迦南，但這位拯救的主偏偏要將以色列人帶到曠野，讓他們在曠野經歷長達四十年漂流生活之旅。曠野只是旅人經過或暫時停留的地方，看來既不是目的地，也不是可供安身立命的家鄉。然而，在聖經的記載中，曠野往往具有相當重要的屬靈意義，它既是人與撒旦交戰和面對試探的荒野，同時亦是與上帝相遇及親近上帝的綠洲。總而言之，就是操練屬靈生命的地方。不過這次的曠野操練，卻以漫長行旅的方式進行，四處漂流是他們生活的核心，「移動」或「流徙」，長期成為以色列人存在的方式，也長期地塑造他們的人格特徵和屬靈生命。

在曠野漂流的以色列人，固然並非生活於講求速度的現代「時空壓縮」的世界，對他們的存在來説，時間的長度和空間的距離是絕對有意義的，他們日復日、月復月、年復年慢慢地在廣闊的荒漠空間內移動，他們流動的速度極端緩慢，完全欠缺現代社會在時間高速公路上任意奔馳的快感。四十年可能對大部分人來説是半生的光陰，更何況對摩西那一代的以色列人來説，幾乎下半生就花在漫長的流徙歲月中，縱使沿途風光明媚，處處佈滿旅遊的觀光景點，但四十年來日日如是，不可能再有任何新奇的事物可以滿足感官的慾望，無疑他們的旅程是單調乏味和沉悶的。在曠馳日久之下，他們在心理上也會覺得這樣的流動好像原地踏步，漫無目的，甚至最終發現，原來「緩慢的流動」過程，就是他們一生人最後的「成就」，也是他們出埃及最終的「目的」。也許以色列人心裏會埋怨上帝把他們放逐於荒野，也許他們逐漸會將自己看為無所事事、無家可歸、遭人遺棄的孤獨流浪漢。

然而，上帝豈不是正要用這種「反常」的方式操練以色列人及我們的屬靈生命麼？我們的人性通常會抗拒流浪，以致我們大多數人（尤其現代人）都缺乏流浪者的性格。上帝卻要操練我們成為與祂同行的流浪者：接受平凡，歸回平淡，體會簡單就是美；安於不事生產、無所事事，停止單以生產能力作為衡量人的價值標準；放下凡事都以功利和效益來計算的心態，甘於漫無目的，經歷和玩味人生過程中的種種際遇；學習四處為家，只要經歷上帝的同在，能安息於上帝懷中，則四處皆是可以安身立命的家園，迦南也好、曠野也好，處處是吾家，「家」不再僅是空間性、更是關係性的觀念；享受在時間中的緩慢，停止操控時間來配合自己急促的步伐，卻讓生命憩息於時間中被時間管理，欣賞時序變化帶來生命躍動的節奏美感，只有工作狂的人才會分秒必爭，流浪者通常不會趕時間，只會在街頭漫步閑逛；接受孤獨，經驗獨處，既能做到遺世獨立，又能以上帝最終不離不棄的愛來溶化人世間的冷漠無情，出入自如，遊戲人間。

總括而言，作息的人生旅程，說明工作與安息形影不離，工作最後要在安息中完成。如果工作代表不斷爭取、抓住及擁有更多，安息就是要操練捨棄和放手；如果工作代表重視個人的能力、成就和業績，安息就是要操練看重上帝的能力、成就和恩典；如果工作代表與別人競爭、妒忌、不和、埋怨，安息就是要操練放下自我、謙卑順服、以他者為中心。上帝在曠野用了四十年時間，透過守安息日的操練來訓練以色列人，目的是要以色列人真正地出埃及，真正能從工作的奴役中得解放，心靈得更新，得以享受真正的自由。

盧雲：安息是回家的靈修行旅

現代人靈性生命的危機

毫無疑問，我們身處的時代，已被工作和行動的目標、效益和成就這類意識形態所主導，成為現代社會的核心價值。然而，盧雲（Henri J. M. Nouwen）認為這些意識形態或核心價值，容易為現代人帶來靈性生命的危機，就是過度追求權力慾、虛榮心和成就感。〔一〕當我們的自我價值完全植根於此，便會因為恐怕這種自我的榮耀感和成就感的失落，而時刻會把自己陷於焦慮和急躁當中，權力慾和成就感遂變成現代人生命中要背負的沉重包袱。

現代人精神上的焦慮和急躁，不斷壓迫自己要主動進攻，拚搏爭取，人生變成要不斷竭力激戰，令人非常勞累的命途；而且亦使人們不容易安靜下來，不容易學習忍耐和等候的屬靈功課，因為等候似乎意味著被動、不進取、不工作和無所事事，這樣跟我們身處的社會文化好像背道而馳。

同時，人的榮耀感和成就感往往就是來自被認為勝人一籌這種感覺，覺得自己比別人更好、更有權勢、更有能力、更有用。很明顯，這必然是一種在跟別人比較競爭底下得出的感覺。然而，比較競爭自然容易造成自私、嫉妒、不信任、不和，甚至敵對的人際關係，就算表面上彼此的關係好像不錯，和洽相處，但這些可能只是虛假的表面工夫，猶如舞台上的表演，盧雲把這種人際關係形容為「幕後的敵意」。〔二〕

因此，孤寂便是現代社會最普遍的一種人性經驗。其實人生在世，沒有人在其一生從未經驗過孤寂。故此，孤寂的經驗本來並非現代人獨有的問題，只不過現代人在充滿競爭和敵意的意識型態及生活方式的影響之下，經歷一種現代社會獨有的孤寂經驗而已。〔三〕

由此看來，一個迷上工作和行動，過度追求權力慾、虛榮心和成就感的社會，不但帶來個人靈性生命的危機，亦同時造成人際關係的疏離和敵意。面對這些靈性生命的危機，現代人也許更需要「安息」的操練。

安息是回家之旅

盧雲的文章其實經常跟「安息」這課題扯上關係。其中較直接有關的，是他當年從離開哈佛大學到進入「黎明之家」（Daybreak）那一次安息之旅期間寫成的日記《黎明路上》（*The Road to Daybreak: A Spiritual Journey*），以及在他最後的一個安息年期間所寫的另一本日記《安息日誌》（*Sabbatical Journey: The Diary of His Final Year*）。[四]

在《黎明路上》這本日誌裏，盧雲坦誠地分享了他人生路上一次靈性之旅的心路歷程。在這本書的前言中，他首先記下了早於七十年代心裏一個重要的祈禱：「主啊，請告訴我祢要我去哪裏，我定必跟從祢。」自從一九八一年辭去耶魯大學的教席之後，盧雲繼續探索上帝的呼召，他去了玻利維亞和祕魯體驗在貧窮人中的牧養生活，但最終知道上帝的心意並非呼召他往拉丁美洲去。一九八三年他接受了哈佛大學神學院（Harvard Divinity School）的邀請出任教授之職，直至一九八五年為止。盧雲逐漸發現，哈佛大學並不是他被呼召要去徹底跟從主的地方。跟著他花了差不多一年的時間，主要留在法國特魯斯里（Trosly）的

「方舟團體」（L'Arche Community）照顧弱智人士，期間亦作了多次短途旅行，思想及等候上帝是否帶領他要以更長的時間投入此事奉。這次旅程可算是盧雲屬靈生命成長一個非常重要的分水嶺，他坦言心裏曾經有過很大的掙扎：

> 過往我想知道應往何方，現在我已經知道應去那裏，卻並不真的想去。與弱智人士共同生活和工作，似乎正好與我受訓練和具備資格去做的事務背道而馳……我所有的慾望：要有用、要成功、要多產，齊起反抗……我的掙扎在於要放棄舊日的道路，並且要被領到「不願意去的地方」（約二十一18）。[五]

盧雲的掙扎在於他跟我們一樣，同樣流蕩於一個被權力慾、虛榮心和成就感這類文化主導的社會裏。然而，上帝最終就在盧雲安息的旅途上召他回家，一生尋尋覓覓，原來「方舟團體」這個本來他不願意去的地方才是他的家。[六]當我們好像離家出走被放逐於荒野的浪子一樣迷失方向，終日疲於奔命地隨波逐流的時候，上帝不會遺棄我們，祂還是耐心地等待，要呼召每個在成就、名譽、權勢中疲於奔命的浪子回家。

九年之後，盧雲又隨身帶備一本日記簿，再次踏上安息年的旅途。他拖曳著疲累，既興奮又焦慮的心情，開始了他的安息年。當他踏上安息之旅的第一天，便在日記中再次記下了這樣一段內心掙扎和疑惑的說話：

我常夢想可以有一整年時間遠離約會、會議、演講、外遊、書信、電話——完全沒有羈絆的一年，好讓一些叫人震憾的全新事情得以發生。但我能容讓這樣的一年出現嗎？我能夠拋開一切叫我感到重要和有價值的事情嗎？我曉得自己已經染上了忙碌癮，經歷到少許因為抽離而惹來的焦燥不安。〔七〕

然而，他最終能認定是「黎明之家」送他走上這次安息之旅，這是他的家所交給他的一項使命：「叫我深信暫且離羣獨處、閱讀、寫作、祈禱，從而活出新的生命，叫自己和整個羣體的生命都結出果子，乃是我的職事。」〔八〕我們社會的文化只會認為工作和生產才是有貢獻的事業和成就，安息之旅，卻操練我們，要我們學習拒絕忙碌、放下工作，這原是更重要的屬靈職事。

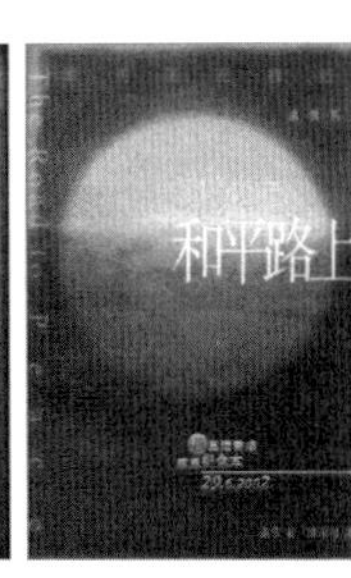
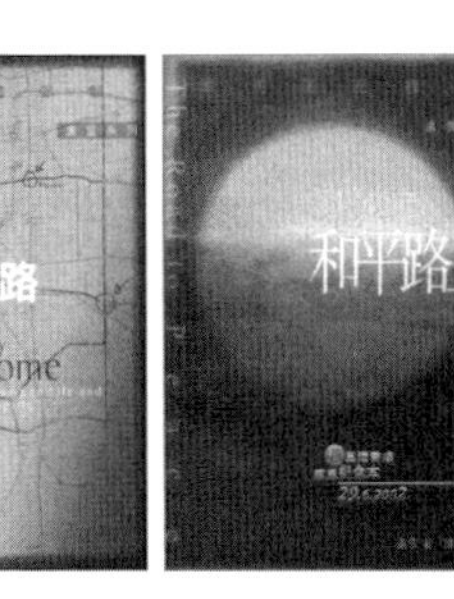

盧雲的靈修著作。

不過這卻是盧雲最後一次安息之旅。因此，這段安息之旅，也可視為他人生最後一段路程，是通往死亡之旅，也是將要進入主懷安息的旅程，是盧雲歸回天家的路程，安息是回家之旅，同時亦惟有真正回到家裏，我們才得享安息。《安息日誌》恰巧記錄了盧雲這段特別旅程中所留下給我們的遺言。

其實盧雲一直對「旅程」、「道路」這類觀念尤其重視，在他的靈修著作裏，經常喜歡以這些詞彙為他的書籍命名，除了《黎明路上》和《安息日誌》之外，還有《心靈愛語》（*The Inner Voice of Love: A Journey through Anguish to Freedom*）、《心靈麵包》（*Bread for the Journey: A Daybook of Wisdom and Faith*）、《和平路上》（*The Road to Peace*）、《尋找回家路》（*Finding My Way Home: Pathways to Life and the Spirit*）等。事實上，在基督教靈修學的傳統裏，「旅程」或「道路」都是很重要的觀念。

在聖經裏，把「安息」和「旅程」連上最直接的關係的，要算是出埃及記十六章關於以色列人在曠野漂流之旅中守安息日的記載，以及出埃及記二十章8至11節關於上帝在以色列人曠野之旅中頒布安息日的誡命。這些經文無非要告訴我們，安息是上帝給我們在人生路上不可缺少的靈修行旅，安息在旅途中發生，旅程本身就是重要的屬靈操練。

對盧雲來說，如果安息之旅就是一條回家的路，下文將會集中在《尋找回家路》這本文集內的幾篇文章，再輔以其他著作，去思想在這條回家路上，盧雲為我們提供了甚麼操練靈性生命的導引。

安息之旅是一條軟弱之路

上文提過，過度追求權力慾是現代人靈性生命的危機。然而，面對這種社會和人性的普遍實況，上帝如何回應？盧雲說：「神選擇以『無能』作為回應。」〔九〕盧雲的靈修神學可貴的地方，就是他能經常回到基督信仰的核心，將靈修神學建基於基督道成肉身的軟弱神學和十架神學之上。〔十〕

在一個工作和行動上癮、迷戀權勢和能力、崇拜獨立和自主的社會文化裏，安息的屬靈操練就是將這些價值觀放下，學習耶穌的軟弱、無能、被動和倚賴。盧雲又多次表明，在「黎明之家」跟那些智障人士共同生活，恰好最能讓他親身體驗耶穌的軟弱無能。

最初，誰是弱者、誰是健全是清楚不過的，但隨著日子的過去，那界線卻愈來愈模糊……當我鼓起勇氣深入地看自己，面對自己情感上的需要、禱告的無力、不耐煩及不安、焦慮及恐懼時，我對「弱能」這個詞有全新的認識。雖然我的弱能沒有亞當（Adam）他們那麼明顯，卻是同樣真實的……我面對一個非常缺乏安全感、有很多需要、很脆弱的人，這個人就是我自己。這樣看來，我發覺亞當才是那個強者。他經常安靜平和地在那裏，保持內心平靜。〔十一〕

上帝在道成肉身的耶穌裏變得軟弱無能，祂成為軟弱的嬰孩，要倚賴父母才能成長，甚至倚賴人去宣揚福音，為的就是要揭開權力的假象，拆掉權力的圍牆，讓我們安然親近祂。盧雲說：「神想我們接近祂，非常的近，近得足以讓我們在祂的隱密處休息，正如小孩在母親的懷裏一樣。於是神成為一個小嬰孩。誰會害怕一個小嬰孩呢？」〔十二〕又說：「神的無能以及人類的無能（神也曾成為人），已變成了一扇門，領人通往充滿了愛的家中。」〔十三〕上帝選擇了軟弱無能，使我們在主懷中得享安息，與祂同住，真正回家。

固然盧雲所倡議的「軟弱神學」（theology of weakness）和「弱者神學」（theology of weaklings）不同，後者只會叫我們成為弱者，卑躬屈膝，甘於被世俗的權勢操控。但「軟弱神學」所要揭示的，是世人糾纏於權力遊戲中的虛偽和傷害，並且宣告在基督裏的上帝這位無能的大能者，如何藉著愛的大能來瓦解權勢的武裝。〔十四〕

安息之旅是一條和平之路

上文亦提過，在爭奪權力，追求榮耀和成就這種充滿競爭的文化氛圍底下，自然容易造成嫉妒和敵對的人際關係。因此，如果安息之旅是操練我們放下權勢，以軟弱無能引領人們通往愛的家中的一條路，則安息之旅同時也是一條通往和平之路，叫我們成為使人和睦的和平之子。

在盧雲心目中，「黎明之家」那些跟他一同生活的智障人士，就是典型的和平之子。當中令他印象最深刻的要算是亞當，在一般人眼中，這位嚴重智障傷殘人士是完全無用的「廢人」。然而，盧雲認定亞當是他的屬靈導師，是和平的無聲代言人。盧雲說：「亞當獨有的恩賜——和平，植根於他的『同在』裏，植根於他的『心靈』內，這恩賜更往往造成『羣體』。」(十五)

亞當那「和平」的恩賜，正是植根於他那徹底的軟弱、無能、被動和倚賴當中。正是由於亞當任何工作都做不來，任何事情都不能自決，無時無刻不得不倚賴他人在他身旁給予幫助，無時無刻不得不倚賴別人與他同行，與他一起生活。盧雲更在與亞當一起生活的日子裏，逐漸體會到「存在比行動更重要」、「神的愛比人的稱讚更重要」、「一起做事比單獨做事更重要」。(十六) 故此，盧雲說：「單單與我們同在就是他的恩賜。」(十七) 安息的屬靈操練就是要我們放下工作，放下來自工作的榮耀感和成就感，單單享受與他者（當然包括上帝）的同在，這種跟他者同在的關係就是真正回家及「在家」的經驗。(十八)

對盧雲來說，亞當擁有的是一顆能夠付出愛和接受愛的心靈，他形容亞當完全是用心而活的，這顆心就是讓上帝能住在我們中間，以及讓人與他者之間可以同在的心。(十九) 就是在這個由軟弱無能的成員組成的家裏，讓盧雲體驗到正是他們將所有人連繫起來，成為真正和睦共處的羣體，而且當中最軟弱無助的人，反而卻是維繫能力最強的和平之子。

安息之旅是一條等候之路

盧雲承認，一件對他生命非常重要的事情經常縈繞他的心頭，那就是等候的屬靈操練（spirituality of waiting）。不過他亦明白，「時間就是金錢」正是現代商業社會的核心價值，而等候就如同在浪費時間。〔二十〕

現代社會的消費文化同時催逼我們要不斷貪新忘舊，不斷追逐潮流，不斷追求短暫和即時慾望的滿足，強迫我們每天活在一個過眼雲煙、轉瞬即逝的生活當中，以致現代人已逐漸失去等待的耐性。基於此，等候的屬靈操練就顯得更加重要，盧雲認為可以從兩個方向去思想這課題：等候上帝和上帝的等候。

盧雲從路加福音所記載關於撒迦利亞、伊利莎白、馬利亞、西面和亞拿等候上帝的經歷中，發現了關於等候的一些本質：一、他們的等候是已得應許以致帶著應許的等候，所以這種等候不是「無中生有」的；二、他們的等候不是被動的、絕望的、無奈的，卻是主動的、有盼望的和確信的等候，因為是主動的，所以也會確信等候的事情會在當下發生，因而這種主動的等候必然是活在當下的；三、願意這樣地等候的人，他們一定是能夠忍耐的，因為忍耐就是等待之母；

四、等候不應變成一種操控未來的手段，卻是接受沒有特定的結果、願意向將來開放（open-ended）的一種行動和生活態度，所以等候正是要操練我們放下由自我操控而來的安全感，學習以信靠上帝來踏上冒險的旅程。〔二一〕

除了我們等候上帝，上帝也正在等候我們。盧雲透過耶穌的「被賣」、「被交給人」、「被釘十字架」這種方式的「受苦」認識到上帝是一位等候人的上帝。盧雲指出，耶穌在客西馬尼園被賣和被交給人的一幕，正好把耶穌的一生劃分成兩半，前半部分充滿工作和行動；後半部分則「歇了祂一切的工」，靜待「任人處置」，這是一種「安息」的生命型態。從另一角度而言，生命任人處置就是耶穌所受的苦難，故此，在某種意義上來說，「受苦」是一種等待，容許別人在自己身上加諸任何行動，被動地接受他人的對待和擺布，試圖放下對自己生命的控制權。由此看來，耶穌救贖的使命不但靠主動的工作和行動來實現，更是藉著一種「安息」的生命型態，透過被動地交出生命、等待「任人處置」的苦難來完成的。〔二二〕

工作也許如昨天一般的苦澀、沉悶和令人疲累，人生也許如昨天一般的充滿限制和困擾。然而，若果沒有忘記上帝應許的恩典，仍願意懷著應許忍耐地進入等候和盼望，就能將帶著期盼的喜樂注入我們的生命裏，結出成熟的屬靈果子。正如薇依（Simone Weil）所言：「靈性生命的基礎是在期待中忍耐地等候。」〔二三〕

安息之旅是一條生死之路

死亡可說是人生最大的困局，也是最大的難題。面對死亡那不可知的宿命，恐懼和憂慮佔據了多少人的心頭，不少人惟有選擇逃避，把死亡變成禁忌。教會縱然不迴避死亡的話題，但正如盧雲所說：「每當教會談論死亡，通常會談論死後的事，談論天堂、地獄，或者永生……但這正說明我們一想到死亡，就總會想到我們要往**哪裏**去，最後會到達哪裏。」〔二四〕「主懷安息」便變成不用再留在世上勞苦、上天堂得享安息的意思，安息所指的只是死後要往的終點站。背後支撐著這套「往哪裏去」的死亡觀的，無非就是一套「這世界非我家，天堂才是信徒永遠家鄉」的末世神學。

然而，按照盧雲的意思，這樣理解安息和死亡，明顯是不足夠的。他幫助我們回到耶穌的眼光來看死亡，耶穌曾說：「我去是與你們有益的。」因此，盧雲認為，耶穌的死亡不僅僅把祂從一處帶到另一處。在祂看來，祂的死亡本身能結出許多果子，並對門徒有極大的益處。〔二五〕基於此，關於死亡，盧雲說：

真正的問題是：我應該怎樣過活，好叫我的死使他人得著果子？〔二六〕

就死亡而言，我學到的是，我是被召為他人而死的。最簡單的道理就是，我死的方式會影響很多人……死亡是生之最重要的一項舉動，它牽涉到把別人捆綁在罪中，還是以感恩的心釋放他們的選擇……生命就是一段長長的預備旅程——準備自己，真正為他人死……只有在面對著死亡時，我才清楚地看出……生命是為了甚麼。〔二七〕

如此，死亡便由「往哪裏去？」變成「如何為他人而死？」的問題；安息亦由那息勞歸主的終點站，變成一段長長的預備自己通往死亡的回家之旅。

盧雲有三本書：《鏡外》（*Beyond the Mirror: Reflections on Death*

and Life）、《別了，母親》（***In Memoriam***）和《慰父書》（***A Letter of Consolation***），主要談論到生命與死亡的課題。

在《鏡外》的前言裏，盧雲說這本書是有關一件意外的屬靈故事。〔二八〕意外，甚至逼近死亡的經歷，干擾了盧雲日常生活秩序的如常運作，卻促使他「面向陌生的靈程境地踏出新一步。」〔二九〕如果人生是一條通往死亡的路，死亡是人生的一部分的話，死亡正要向我們揭示一個事實，意外和干擾可以隨時發生，死亡不容許我們對生命作完全自主的操控，於是我們只能在這種不可預測的人生旅途中尋找心靈的安息。

《別了，母親》和《慰父書》，都是圍繞著盧雲母親之死而寫的。無疑害怕死亡是很自然的事，不少人很容易因這種害怕死亡的心理，把死亡視為生命的敵人。盧雲卻有不同的看法，他說：「害怕死亡往往使我們陷於死亡，若與死亡為友，便能面對人的有限而生活自如。」〔三十〕盧雲鼓勵我們與死亡做朋友，認識它，「當我們認識到生命中方生方死，方死方生的意義時，我們便能以死之既生而享受它。」〔三一〕人生是一個不斷向短暫的經歷告別的行旅，如果不停下來，不住在這些經歷中，經歷便會匆匆而過而不覺，但我們當然又不能死命抓緊它不放，慢下來—凝視—沉思—放手—離去，如此地走過人生，如此地行完這條邁向死亡的安息之旅。

盧雲又認為，學習記念死者就是學習「讓他們肉身的同在自我們的經驗中死去，讓他們在我們**裏面**死去。」〔三二〕這是面對死亡很重要的屬靈操練，無疑過程是痛苦的。但當我們能夠讓死者真正離開我們的生命時，生者的生命就會呈現新的面貌。〔三三〕死亡其實能使我們用新的眼光去評估人生中的輕重事情，原來人生最重要的事情不太多，人生最重要的還是愛。

結語

也許不少人認為迦南是以色列人四十年旅程夢寐以求的終點站，天堂是所有基督徒人生旅程嚮往的目的地。然而，如果人生路就是一條回家的安息之旅，家不僅是一處地方，也不僅是一處終點站，更重要的是，家就是上帝的臨在和同住。故此，無論在何處，只要心靈能夠在寧謐中獨處、祈禱，與上帝同在，那裏就是我們的家。正如盧雲說：「祈禱就是與耶穌同在，純粹花時間與耶穌一起。」〔三四〕亦惟有安息在這種與上帝同在的寧謐中，才能享受內在自我價值的自由。在獨處及安靜中孕育自由的生命，這自由是在世而不屬世的自由，是一種拒絕被世俗的物質主義、成功主義及實用主義操控及束縛自己生命的自由。在寧謐中，重新發現人的自我價值完全在於生命本身安息在上帝懷中的存在。〔三五〕

《東京物語》：走過旅途上沒趣的忙

《東京物語》（*Tokyo Story*）是世界殿堂級電影大師小津安二郎的畢生代表作之一。這部電影不扮高深，卻言簡意賅，寫實自然。雖然沒有刻意製造煽情或峯迴路轉的情節，卻不失為一個流露真摯感情的動人故事。

原本住在廣島鄉間的一對年邁夫婦，為了探望住在東京的兒女，便踏上了前往東京的旅途，亦展開了他們生命中的一段東京故事。從廣島到東京，從簡樸寧靜的鄉間到人多熱鬧的城市，雖然有火車鐵道把兩地相連，但對兩個生活在五十年代的老人來說，仍是兩個相隔得很遙遠的空間，仍是兩個不同文化的世界。他們站在東京街頭，覺得這個陌生的城市實在很大，令人有一種迷失的感覺。在大城市的茫茫人海之中，他們恐怕一旦失散了，一輩子也不能尋回對方。

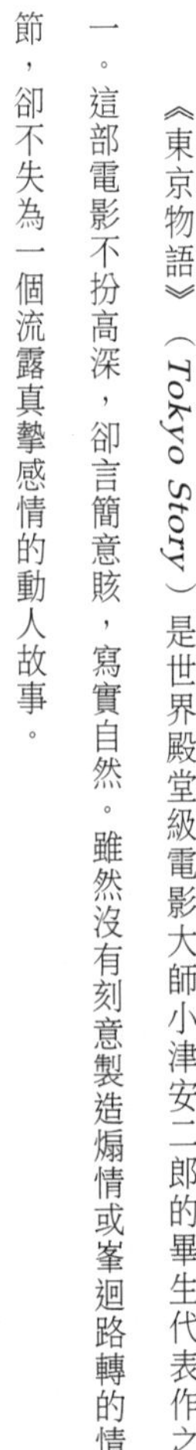

遠赴東京探望兒女的一對年邁夫婦。

一對年邁雙親遠道而來，本來只有一個很簡單的心願，就是盼望跟分隔已久的兒女相聚幾天，可惜這竟然是不容易實現的奢望。兒子和女兒兩家人各忙於工作，連稍為抽出一點陪伴雙親的時間也沒有。做醫生的大兒子本來預算抽空與雙親出外遊玩，卻又因為臨時要出診而未能成行，惟有應承下次補償，難怪孫兒埋怨道：「真沒趣，老是下一次，沒有一次去得成。」誠然，「忙」可以把生活變得愈來愈沒有趣味，沒趣的忙，最終換來沒趣的人生。雖然老父口中仍說「忙是好事」，也許這亦是都市人共同承認的核心價值，但年邁的雙親，畢竟已經在旅程上承受著大城市忙碌造成的冷漠與沒趣，甚至經歷無家可歸的遭遇。

兩兄妹由於無暇陪伴雙親，於是決定花費一筆金錢，為雙親安排「豐富」的旅遊節目，以填滿他們空閒的時間。就好像我們不少父母，基於工作繁忙，惟有將子女「外判」，借助電視、電腦、玩具、補習班、興趣班或其他課外活動來填滿孩子無聊的空閒時間一樣。這樣做，起初可能也只是減輕內疚感，但逐漸竟然讓自己也相信這是理想的安排，會為他們帶來歡樂和益處。就好像電影中的兒女，以為為年老的母親安排很多節目，便必定令她感到滿意。然而，一切可以用金錢換來的物質和娛樂，真的可以完全代替與家人同在那種共聚天倫的喜悅麼？正如電影中母親的表白，整個東京旅程最令她快樂和難忘的，是在兒子遺孀紀子家裏與她共同度過的那一個晚上，住的地方雖然簡陋狹窄，吃的雖然只是粗茶淡飯，但兩個孤獨的人，卻共同享受了一個溫暖和富有人情味的晚上。原來人心底最需要的，還是人與人之間的同在。

年老的母親，可能因為在旅程中太過勞累，回到家裏便一病不起，最終離開人世，想不到東京之旅，竟然成了她人生最後一次的旅程。在臨死前，母親總算是見過所有兒孫，但「面」雖是「見過」，可惜與兒孫們的相聚，都只是來去匆匆，總不能停下來。他們沒有好好凝視母親蒼老的面容，細心聆聽母親訴不盡的叮嚀和心事。然而，由於母親的死，反而令他們一家人再聚在一起，共同回憶過往家庭生活的瑣事，享受片刻天倫之樂。

站在東京這鬧市的街頭，每每擦身而過的也都是不能停下來的大忙人，他們好像無休止地在追趕時間，連本來供人忙裏偷閒的溫泉度假地方，也變成熱鬧到不能閒下來休息的娛樂場所。過慣寧靜生活和行動緩慢的鄉間老人，顯然跟不上都市大忙人急促的腳步，不能適應這麼熱鬧及講求效率的城市文化。都市人每天的生活，彷彿就在「趕得及」與「趕不上」之間不斷重複往返，兒子敬三甚至由於忙碌趕著出差工作，連見母親最後一面的機會也因「趕不上」而錯過了。可惜的是，有些錯過了的事，永遠都無法挽回。於是，人生之中，哪些事情是可以錯過的？哪些事情是不可以錯過的？有多少事情是要追趕的？有多少事情是不用追趕的？難道我們可以迴避，不去考量生命優先次序的問題？也許我們並非沒有考慮，只是我們心中可能一直已經有了一個衡量的標準和答案：「大家都以自己的生活為重。」以自己的事業為重，以自己的學業為重，往往成為我們忙碌而忽略身邊的人最合理的理由。這是自私的心態？抑或是每一代人在成長過程之中必然面對的現實？正如紀子提到：子女長大後離開父母也是很自然的事。

我們也要承認和接受，孤寂是每一個個體生命存在的本相。正如電影中的紀子，也總是要一個人孤獨地面對喪夫之痛。又如剛死了老伴的父親，在電影末段也無奈地留下了最後一句獨白：「一個人生活，日子特別長。」跟著鏡頭隨即落在一艘緩緩駛過的渡船上，江水不盡，載著一葉孤舟，繼續它緩慢的行程。

然而，在孤寂的一段人生旅途上，倘若每個人只顧匆匆的走自己的路，只以自己的事為重，而不顧及別人的事，到頭來只會加深個體的孤寂感和人際關係的冷漠。根據聖經記載，耶穌也算是一個忙人，祂在世上每天都有很多工作要完成。但路加福音十八、十九章連續記載了兩件很特別的事：耶穌在路上偶然遇上兩個平凡及不受社會歡迎的路人——討飯的瞎子和稅吏長撒該，本來耶穌在匆忙之中，大可不必理會這些路上偶遇的閒人，但祂卻停下來，醫治瞎子和往撒該家裏住宿。聖經是以「站住」、「到了那裏，抬頭一看」的字眼去形容耶穌當時的動作（參路十八40，十九5）。耶穌沒有輕忽那些從祂身旁經過跟祂相遇的閒人，卻願意犧牲效率，停下來，堅持以人為本的價值觀，幫助他們，與他們同在。

註釋：

盧雲：安息是回家的靈修行旅

〔一〕參盧雲（Henri J. M. Nouwen）：《始於寧謐處》，洪麗婷譯（香港：基道出版社，1991），頁13~15。另參盧雲：《尋找回家路：生命和靈命的導引》，劉秀怡譯（香港：基道出版社，2004），頁11~12。

〔二〕參盧雲：《從幻想到祈禱》，香港公教真理學會譯（香港：香港公教真理學會，1990），頁60。

〔三〕參盧雲：《從幻想到祈禱》，頁12。

〔四〕中文譯本分三冊出版，分別是《安息日誌：秋之旅》，莊柔玉譯（香港：基道出版社，2002）；《安息日誌：冬之旅》，黃東英譯（香港：基道出版社，2003）；《安息日誌：春夏之旅》，祈去譯（香港：基道出版社，2003）。

〔五〕盧雲：《黎明路上》，頁6。

〔六〕參盧雲：《黎明路上》，頁6。

〔七〕盧雲：《安息日誌：秋之旅》，頁13。

〔八〕盧雲：《安息日誌：秋之旅》，頁14。

〔九〕盧雲：《尋找回家路》，頁16。

〔十〕參盧雲：《亞當：神的兒子》，陳永財譯（香港：基道出版社，1999），頁66~67。

〔十一〕盧雲：《亞當：神的兒子》，頁59~60。

〔十二〕盧雲：《尋找回家路》，頁17。

〔十三〕盧雲：《尋找回家路》，頁21。

〔十四〕參盧雲：《尋找回家路》，頁21~27。

〔十五〕盧雲：《尋找回家路》，頁42。

〔十六〕參盧雲：《亞當：神的兒子》，頁41。

〔十七〕盧雲：《尋找回家路》，頁42。

〔十八〕參盧雲：《尋找回家路》，頁44。

〔十九〕參盧雲：《尋找回家路》，頁45~49。

〔二十〕參盧雲：《尋找回家路》，頁66。

〔二一〕參盧雲：《尋找回家路》，頁69~74；另參盧雲：《始於寧謐處》，頁62~71。

〔二二〕參盧雲：《尋找回家路》，頁78~87。

〔二三〕引自盧雲：《始於寧謐處》，頁68。

〔二四〕盧雲：《尋找回家路》，頁94。

〔二五〕參盧雲：《尋找回家路》，頁94。

〔二六〕盧雲：《尋找回家路》，頁95。

〔二七〕盧雲：《鏡外》，羅燕明譯（香港：基道出版社，1992），頁37~40。

〔二八〕盧雲：《鏡外》，頁2。

〔二九〕盧雲：《鏡外》，頁4。

〔三十〕盧雲：《慰父書》，梁偉德譯（台北：光啟出版社，1988），頁23。

〔三一〕盧雲：《慰父書》，頁30。

〔三二〕盧雲：《尋找回家路》，頁109~110。

〔三三〕參盧雲：《慰父書》，頁18。

〔三四〕盧雲：《尋找回家路》，頁45。

〔三五〕參盧雲：《始於寧謐處》，頁20~21。

肆

簡樸童心

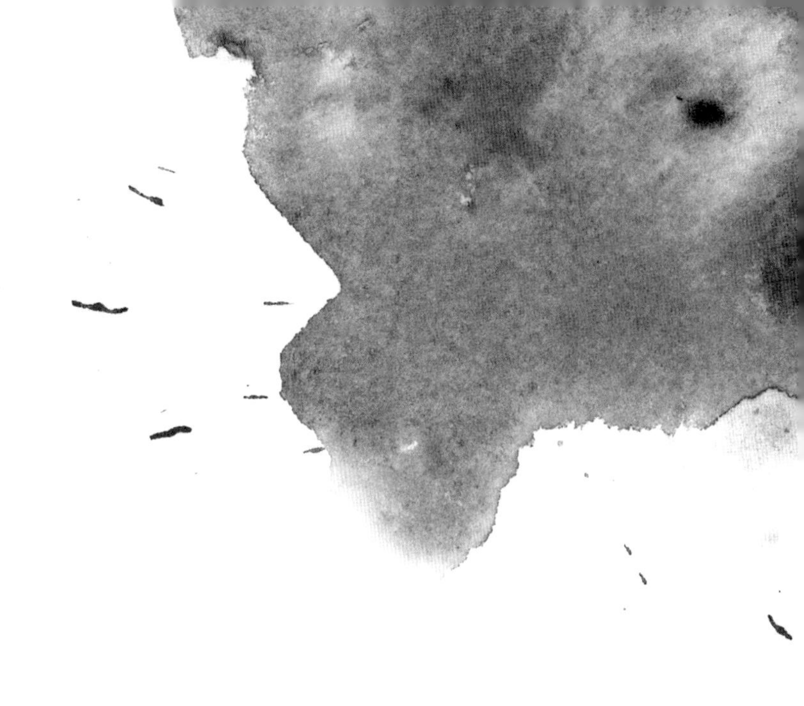

一顆平穩安靜的心，就好像斷過奶的孩子的一顆童心，也是一顆不狂傲的心。

平穩安靜的童心：
詩篇一百三十一篇1至3節

這是一篇很簡短的詩篇，主要的信息似乎是教導我們要回復童真，在信仰或信心上學效小孩子般簡簡單單，天真無邪，孩童的心就是一顆赤子之心，就是一顆簡單（simple）的心靈。正如傅士德（Richard J. Foster）在《屬靈操練禮讚》（*Celebration of Discipline: The Path to Spiritual Growth*）和《簡樸生活真諦》（*Freedom of Simplicity: Finding Harmony in a Complex World*）兩本書內所主張的簡樸（simplicity）的屬靈操練一樣。他曾引用傳道書七章 29 節來談論這種簡樸的屬靈操練，但他所依照的譯本是這樣翻譯的：「上帝造人原極簡單，人的複雜問題是他自己發明的。」（《現代中文譯本》的翻譯也接近這意思）

事實上，小孩子的世界本來就是很簡單的，雖然他們仍很無知，卻因無知而少了很多煩惱。有時的確簡單就是美，可惜生命隨著年日的增加而離開單純、直接、自然愈來愈遠，成年人的世界逐漸變得愈來愈複雜、造作和偽裝。傅士德在《簡樸生活真諦》一書內，亦曾引述教宗若望二十三世（Pope John XXIII）的一段說話：「我年紀愈大，就愈清楚體會到，在思想、行為、演講中，簡樸有迷人的美麗和莊嚴；我渴望把一切複雜的變為單純，又用最自然最清晰的方法去處理一切的事。」似乎傳士德都認同，「簡樸」在意義上跟「簡單」、「單純」或「不複雜」有關。也許我們可以就此下結論，無論傳士德也好，聖經中的傳道書七章 29 節或詩篇一百三十一篇也好，似乎都在提醒我們這班成年人要重拾童真，做人只要簡簡單單就夠，不應將人生弄得太複雜、太沉重；無須自尋煩惱，一些重大、複雜、高深莫測、測不透的事情我們實在不需要去思想、也不應該去做。表面看來，這豈不是詩篇一百三十一篇 1 節的教導麼？

近年香港出現一種「Kidult」（中文名字為「傑斗」）的文化現象，「Kidult」是一個新興的詞彙，將孩童（kid）和成人（adult）兩字混合而成。近年坊間使用這詞彙時，明顯是指到一些童心未泯或孩童化的成年人，以七十年代末和八十年代初出生的那班三十世代為主。「Kidult」文化就是指社會裏冒起一種成人孩童化的文化現象，這種現象尤其表現於大眾文化上。

就以消費文化為例，多少已屆成年甚至事業有成的人士，仍熱情地投入青少年、甚至兒童的消費文化之中，一有空閒時間，就埋首於電玩、看漫畫等消遣活動當中。不少成年人穿著的服飾和使用的商品均有刻意孩童化的傾向。例如，凱蒂貓（Hello Kitty）和迪士尼卡通動畫中的人物角色，已經全面地進佔整個成年人消費市場，由文具、服飾、手袋皮具、美顏用品、家具擺設、手提電話到各種家庭電器用品，可謂無孔不入。

其實以前的世界和生活反而比較簡單，社會上各樣的價值觀也比較單一化和黑白分明；但當代這個全球化的社會卻變得愈來愈多元和複雜。正如「Kidult」這詞彙的混雜性一樣：「Kidult」文化象徵了個人身分在複雜的現實社會中的混雜性和矛盾性。有些學者認為，活在一個複雜多元的社會裏，「Kidult」的表現乃源於他們不想面對成年人那個複雜、充滿困難、要負責任、不能掌握未來的世界，或期望以這種生活方式表示對這種成年人世界的不滿。無論如何，歸根究柢他們就是要拒絕生命的成長和成熟，於是便一廂情願地將本來複雜多元的世界簡單化，只容讓自己停留在事情的表面，不作深入思考，拒絕深度，甘於膚淺和表面化，認為凡事不用太認真，而人生最重要的事情是消費享樂，並抱持一種玩世不恭、遊戲人間的心態。

究竟詩篇一百三十一篇所主張的：即擁有一顆平穩安靜的童心，是否等同上述所講的「Kidult」現象呢？難道詩篇一百三十一篇鼓勵信徒要努力學習成為「Kidult」麼？值得反省的是，除了社會之外，現實上教會內是否也普遍存在「Kidult」的文化現象呢？我們的信仰或屬靈生命是否也是一種「Kidult」式的信仰生命呢？我們可能已經成為基督徒多年，也返了教會多年，從外表上看來，也許好像一個成年人，但內裏仍然是一個小孩的生命，可能我們好像「Kidult」一樣，甘於膚淺和表面化，拒絕屬靈生命的成長和成熟。

傅士德所提倡的簡樸的操練，豈不是主張做人愈簡單、愈不複雜愈好嗎？然而，他在《屬靈操練禮讚》劈頭第一句就曾經這樣說過：「我們這時代的禍因是淺薄……今天最迫切的需要不是要有大量聰明能幹的人，或者大有恩賜的人，乃是有深度的人。」一方面他似乎主張做人要簡簡單單或不複雜；但另一方面又批評現代人太淺薄，缺乏深度，在他看來，淺薄是這個時代的疾病。如此說來，他是否前後矛盾？其實傅士德已提醒我們，不應該將「簡樸」等同於「過分簡化」，「過分簡化」反而正正就是生命淺薄的原因。他提出一個很弔詭的觀念——「複雜的簡樸」，事實上詩篇一百三十一篇要表達的就是這個信息。

「心」是詩篇一百三十一篇的籲字，在短短的三節經文中出現了三次。詩人提到，他擁有一顆平穩安靜的心，這顆心就好像斷過奶的孩子的一顆童心，於是也是一顆不狂傲的心，因著這顆心，那些「重大和測不透的事情我也不敢行。」不過《和合本》的翻譯不太理想，很容易令我們有一錯覺，以為一些重大、複雜、深奧、高深莫測的事情我們實在不需要去思想、也不應該做，以為聖經教導我們應將人生中一切複雜的事情簡單化，甚至將我們信仰的內涵簡單化。《新國際譯本》（NIV）是如此翻譯的：I do not occupy myself with things too great and too marvelous for me，中文可譯為：「我不會讓那些對我來說是重大和了不起的事情佔據我的生命。」《新譯本》譯為：「重大和超過我能力的事，我都不敢作。」《當代聖經》則譯為：「我不逞強，也不會不自量力。」

試想想一個人在人生哪一個階段已經很想做超過自己能力的事？其實，一個五、六歲開始進入小學階段的孩童已經如此，他們很想做大人能夠做得到的事情，孩童有這種表現正正由於他們的無知，這反映了他們對外在世界的複雜性無知，亦對自己的能力無知。

當踏入少年和青年階段，就更加喜歡逞強和做超過自己能力的事，尤其在一個講求出位，重視能力、成績和成就的社會裏，經常並不斷地在我們身上塑造出一種喜歡逞強和不自量力的性格，為的無非是使我們在別人面前證明自己是有能力的。特別是一些少年得志，一早已經在學業或事業上有成就的人，他們表現出來的，就如聖經所描述：心高氣傲、狂妄自大，甚至透過貶低別人來抬高自己，正如俗語說：「眼角高」、「眼睛生在額頭上」、「狗眼看人低」，也就是聖經所講的「眼目高大」的意思。詩篇一百三十篇提到罪的問題，詩篇一百三十一篇則延續罪這個課題，其實在聖經和基督教信仰的傳統裏，逞強和不自量力的「驕傲」是很大的罪。剛才提到，小孩子逞強要做大人能夠做得到的事情，這還可以說是生命成長的過程中一種很自然的人性流露；但根據聖經的記載：「你們吃的日子眼睛就明亮了，你們便如上帝能知道善惡。」（創三4）這明顯是人逞強要做上帝才能夠做得到的事情，這描述恰巧也是跟眼睛有關，明顯是人眼目高大、逞強和不自量力的「驕傲」的「原罪」。

正如聖經的描述，當我們的生命被這種逞強和不自量力的「驕傲」和慾求完全佔據的時候，一方面自我就會取代了上帝在我心中應有的位置；另一方面，我們的心一定不能夠平穩安靜，因為在一生人當中，想逞強去做一些重大和超過自己能力的事情一定不只一件，人的慾望只會不斷變化，人生有限，慾望卻無窮。何況在追逐這些事情的過程中，難免因著人的有限性和各種人生變幻不定的際遇，因而遭受不少困難和挫折，人的煩惱正是由此而生，既然如此，心又怎能平穩安靜呢？

然而，能擁有一顆平穩安靜的童心又如何可能呢？這又是一顆怎樣的心呢？詩人特別用「好像斷過奶的孩子在他母親的懷中」來形容這顆心，這是從女性角度入手的一種書寫手法，而且是以一種並非每個女性都擁有的母親哺乳育嬰的獨特經驗，以及在母親懷中斷奶的親子關係來形容這顆心。孩子和母親的生命本來是連成一體的，當孩子出生並要切斷臍帶離開母體的時候，就意味著第一次個體的獨立和分離，到了孩子在他母親的懷中斷奶的時候，孩子和母親就再次進一步經歷個體的獨立和分離。詩人在描寫那顆平穩安靜的童心的時候，特別強調是斷過奶的孩童的心，這顆童心不但不會好像「Kidult」般拒絕生命的成長和成熟，相反，斷奶是孩童生命長大成熟和經驗獨立的成長過程，而且是一種徘徊於獨立和依賴、分開和親密的經歷中如何平衡和如何取捨的成長過程。這種獨特的人生經驗，無論對孩子、對母親都殊不簡單，也不容易。

當孩子經歷斷奶的過程之時，因為他的需要和慾求往往不能得到即時的滿足，甚至好像遭受母親的拒絕，以為不再受到母親的愛護和照顧，如此一來，斷奶的過程是母子之間愛與被愛的經驗的另一種學習，原來斷奶之後的孩子仍安息在母親懷中，這種依賴、這種愛護是需要建立在獨立、分離、節制、信任這些重要的基礎上。在斷奶的過程中，孩子和母親的心情或多或少也會忐忑不安、起伏不定，很難平穩安靜，孩子固然要經歷很大的考驗，不斷反抗或掙扎，也經歷不少的挫敗，當然母親也難免有挫折感和掙扎，不過這些困難、挫敗與掙扎又是人生成長和成熟必需的條件。

平穩安靜的童心只會在斷過奶之後才出現，平穩安靜是有動盪不安作為背景而辛苦孕育出來的，是一種從動盪、困難、複雜、掙扎中安息下來，回歸平淡，反璞歸真的謙遜。因此，詩人所描述的這種平穩安靜的童心跟「Kidult」那種童心完全是兩回事。其實一生人需要不斷經歷這種斷奶的考驗，培育一顆平穩安靜的童心，不斷學習不要再被「重大和超過我能力的事」佔據自己的心，反而能夠專注仰望和信靠耶和華上帝，就好像在母親的懷中斷過奶的孩子一樣，完全仰望和信靠母親的愛和關顧。

《童年往事》：回憶・生死・鄉愁

《童年往事》是侯孝賢自傳式的電影，他選擇了從鏡頭的角度，去回望和重拾自己童年的時光片段，透過他最熟悉的電影語言，去記錄和闡釋一段段童年往事的難忘記憶。電影成為侯孝賢反照自己的一面鏡子，他選擇了用這面鏡來認識自己，以及自己成長的地方，感悟生命在時光流逝中的成長變化，思考社會在無聲歲月中的急速發展。虛擬的光影世界，盛載著現實的人生影像，如幻似真，見證著人生如戲，不過肯定是一齣寫實的戲。

在侯孝賢所拍的電影中，《童年往事》是其中一部我喜愛的作品，尤其喜歡本片的英文名稱：*The Time to Live and the Time to Die*。顧名思義，在時間中生活，在時間中死亡，就是這部電影所思考的主題。

莊子在〈齊物論〉說過：「方生方死，方死方生。」人之有死，猶如人之有生，生死乃是生命變化的自然現象。因此，人對長生不死的追求，只是違反自然的妄念，徒勞無功。不僅如此，人之出生，即意味著開始步向死亡，開始倒數人生歲月，生命彷彿在時間中不斷增進成長，但同時也是在時間中不斷遞減消亡。生死本來就是渾然而為一體，此消彼長，互相依存。故此，未知生，焉知死；同樣，未知死，焉知生。

在大城市石屎森林和電子科技世界裏生活的現代人，已愈來愈少經歷大自然生滅變化的親身體驗。農村的生活卻不同，能夠親手將植物的種子或幼苗埋在泥土裏，然後天天悉心料理，施肥灌溉，靜悄悄地等待植物逐漸茁壯長大，經歷生命成長的奧妙與喜悅。泥土孕育著植物的生命，植物離開土壤，便不能生長。同樣，人的生命原本亦與大地結連。《童年往事》正能拍出這種濃厚的鄉土味，阿孝將波子和偷回來的錢埋在大樹下的泥土裏，他又跟其他農村裏的孩子一樣，個個赤著腳通山跑，身體跟泥土保持最密切的關係。如果「尋根」是《童年往事》其中一個探討生命的主題，首先要尋的應該是那條回歸自然的根：大地就是我們的故鄉。

聖經也曾如此記載：「耶和華上帝用地上的塵土造人。」（創二7）又說：「因為世人遭遇的，獸也遭遇，所遭遇的都是一樣：這個怎樣死，那個也怎樣死，氣息都是一樣……都歸一處，都是出於塵土，也都歸於塵土。」（傳三19～20）聖經為我們提供一種思考生命的重要向度，人和獸一樣，生命都是從泥土而出，也都歸回原處，人原本就是大自然的一部分，大地把一切的生命連繫起來。

《童年往事》除了拍出泥土味，也瀰漫著濃烈的鄉愁。阿孝的父親本來打算在台灣住三、四年就返回中國大陸。因此，他只為這短暫寄居的地方購置一些較便宜的竹製傢具，準備隨時離開也不覺得太浪費，台灣不是他心目中安身立命的長遠居所。阿孝的祖母

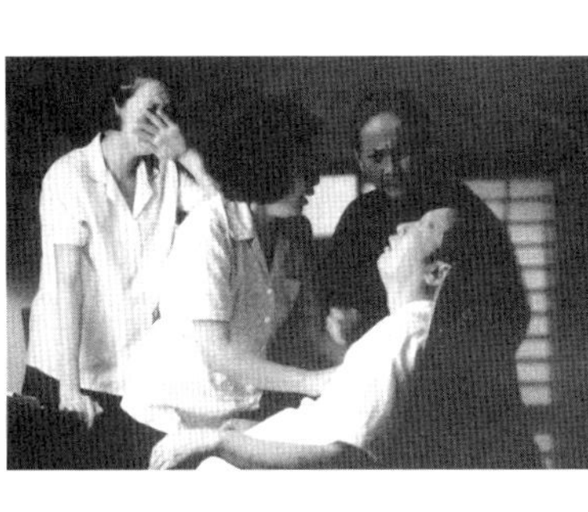

在農村的社會裏，死亡的經驗就是這樣地貼近，這般地直接。

更加對故鄉念念不忘，一天到晚嚷著要帶阿孝回鄉祭祖，故鄉中的祠堂，才是維繫家族關係情誼的命根。那條回鄉的路，彷彿深深埋在她的記憶之中；然而，總是記不起在台灣那條回家的路，她每次離家，總是迷路，因為她始終不把台灣當作自己的家，呆在這裏，只會迷失，人生就是這樣選擇性地記憶與遺忘。直至生命走到盡頭，她仍洗刷不去那份鄉愁，仍然不能圓她的回鄉夢，不能死在自己念念不忘的故鄉。然而，到了阿孝他們這一代，那遙遠故鄉的祠堂，不再構成他們身分上的認同，反而台灣才是他們成長和落地生根的地方。

阿孝新生一代的成長經歷，也見證著台灣社會現代化的變遷，現代化最明顯的特徵，莫過於那一份疏離的感覺。除了人與土地（大自然）的疏離，以及人與人之間的疏離之外，最根本的還是人與自身存在的疏離，這又跟死亡扯上關係。在大城市生活的現代人，死亡彷彿離我們愈來愈遠，我們的文化，不但令我們愈來愈少思考和談論死亡，也令我們愈來愈缺乏面對死亡的親身經驗。在《童年往事》裏，阿孝的父親不但死在家裏，而且屍體被安放在家中的牀上，全家人圍在牀邊哀悼。在農村的社會裏，死亡的經驗就是這樣地貼近，這般地直接。然而，在現代化的城市裏，人們一般只會死在醫院的病牀上，屍體也只會被安置在冰冷的停屍間和殯儀館裏，我們與死亡之間，愈來愈保持距離，以致我們對死亡也愈來愈陌生。

侯孝賢的童年及青年往事，是由父親、母親和祖母三件死亡事件貫串而成的。在父親病逝的一幕裏，雖然母親表現得情緒激動，嚎啕大哭。但侯孝賢依舊絕不煽情，他沒有用「特寫」鏡頭來渲染母親的情緒，卻用「遠景」（long shot）的手法來拍攝阿孝遠距離望著母親痛哭，表達了導演想用一種既投入又抽離、既主觀又客觀、既傷感又冷靜的心情、態度和視角去體悟死亡。至於母親的葬禮，則採用了基督教禮儀進行，更傳來這樣的聖詩歌詞：「安息在主耶穌懷中，再無淚水，再無疲憊，進入自由。」將死亡與宗教拉上關係，從安息的角度解讀死亡，似乎少了一份哀慟絕望的悲情，但在眾人的平靜心情中，惟獨阿孝卻哭成淚人，因為畢竟死亡無情地宣告了人世間一切關係的終結。在三段死亡的回憶中，祖母的死來得最淡然、最不受人注意，她只是靜悄悄地、不知不覺地長眠在榻榻米上，死去多天也無人發現。祖母本來是最愛護阿孝的，但在三個親人中，阿孝對祖母之死的心情卻是最平靜的，甚至在旁目睹祖母屍體的孫兒，竟然可以像旁觀者般如此抽離和冷靜，以致被人視為少了一份孝子賢孫應有的激動和悲情。畢竟老死是自然不過的事，畢竟死亡往往可以這樣無聲無色地發生。祖母的死，似乎有點蒼涼的味道，給人一種孤寂和冷漠的感覺，就好像花開花謝，只是自然發生的平常事，又有誰會在意遍地之落花？

《童年往事》就是導演對已逝的生活和死亡事件的追憶，或者是對劇中人物的回憶的回憶，就像侯孝賢用「長拍」（long take）的手法，拍攝姊姊出嫁前坐在榻榻米上，耐心聆聽母親憶述她很久以前戀愛、結婚、生兒育女的前塵往事。所謂回憶，無非都是從當下際遇的存在體驗中碰觸得到的感覺出發，重現過去時光中一些難忘的人生片段而已。這些片段可能是精采的，也可能是平淡的；可能是愉快的，也可能是傷感的；可能是醉人的，也可能是可怕的；可能是甜蜜的，也可能是苦澀的……回憶使我們重新認識自己，讓我們意識到自身的存在既持久又斷裂，人生的際遇既循環又無常。透過回憶，讓我們意識到時間就是生命的延續，但時間亦同時為延續的生命立下界限，在時間所立的界限中，帶著肉身的生命只可向前邁進，不能逆返，而且更會隨時中斷，為肉身的生命畫上句號。

《孩子你慢慢來》

曾任台北市文化局局長的龍應台女士，通常給人一個女強人的形象。《中國時報》副總編輯楊澤稱她宛如一位行俠仗義的俠女，挺身而出維護江湖道義，到處路見不平，拔刀相助。龍應台心中有一把火，她憑著這把不能熄滅的火，要把漫山遍野的莠草燒盡。當年（八十年代）出版的《野火集》，最能表現龍女俠這種惹火的剛烈性格，她憑著其辛辣的筆鋒，終於為台灣的政界和文化界燃點起燎原的野火。

在《孩子你慢慢來》裏，卻讀到以下的文字：「我哺華安足足哺了一年，到現在，看見別的母親解衣哺乳，我還忍不住駐足貪看，看那肥肥的小手撫摸著豐滿的乳房，看那嬰兒滿足恬適的小臉，看那母親低頭的溫柔，啊，我神為之馳，真想再來一次。」跟《野火集》比較，很難想像這些文字是出於同一人的手筆。估不到這位平日對社會政治文化等大問題雄辯滔滔的龍女俠，會搖身一變成為一位溫文儒雅、心思細密的賢妻良母，以溫柔感性的筆法，跟我們細訴做母親的經驗，以及孩子成長的日常生活瑣碎事，聽她娓娓道來，絕對能感受到她內心擁有那份身為人母甜絲絲的幸福感覺。不過作者又並非要歌頌中國傳統文化中小女人的母職，她只是從做母親的身分和親身經驗出發，去思想這些獨特

龍應台：《孩子你慢慢來》（台北：時報文化出版事業有限公司，2005）

的女性經驗對生命的成長有何意義？龍應台在〈野心〉一文中有一段說話很值得我們思考：「誰能告訴我做『母親』和做『個人』之間怎樣平衡？我愛極了做母親，只要把孩子的頭放在我胸口，就能使我覺得幸福。可是我也是個需要極大的內在空間的個人，像一匹野狼……女性主義者，如果你不曾體驗過生養的喜悅和痛苦，你究竟能告訴我些甚麼呢？」作為女人，龍應台遊走於國事和家事之間，不斷尋找生命存在更廣闊的空間和更深刻的意義。

生命存在的空間，固然可以體現在政治空間上有多少真正的民主和自由，可以體現在文化空間上有沒有落實多元和包容，同時亦可以體現在平凡的日常生活上面，兩性和親子等人際關係如何彼此關懷和尊重。然而，或許這也是一生人中最難學習的功課。因為我們較喜歡從「如何為自己而活」，而不是「如何為他人而活」這樣的角度去思考問題和實踐人生，於是往往只會關注和維護自己存在的自由空間，卻不是他人的空間；往往只會有意無意之間犧牲別人的自由來滿足自己的自由。政治實踐如是，文化實踐如是，人際關係上的實踐亦如是。原來「人」這個名字的意思其實很簡單，正如安安所說：「媽媽，你的眼睛，眼珠，你的眼睛裏有我，有安安，真的。」人之為人，原來就是在這種「我的眼睛裏有你」的關係中出現的。

作為個人，龍應台有很多理想——旅遊、閱讀、寫作、研究、教學，還有很多自己喜歡做的事情。但作為母親，面對著不能安靜下來的孩子，散滿一地的玩具，按時按候要幫孩子換尿布和上廁所等厭惡性工作，還有做不完的瑣碎家務，她被友人問到：「這種種理想、計劃，做了媽媽以後都不能實現了，對不對？……你後悔嗎？」不過當孩子整個身體趴在母親身上，安靜地感覺母親的心跳與溫暖的時候，做母親的龍應台便這樣回答：「有些經驗，是不可言傳的。」

作為個人，我同樣有自己的理想，有很多自己喜歡做的事情，要為自己想做的事情尋找和開拓成就的空間；但作為父親，我又不能不學習，需要從孩子的存在空間出發去思想我的存在空間，孩子最需要的，就是父親放下自己工作的空間，單單享受跟孩子在一起的存在。躺在牀上，凝望著熟睡中的女兒，環手輕輕摟抱在懷裏，她的確長大得很快，時光飛逝，有些工作，有些事情，天天做都做不完，週而復始不斷發生，但孩子童年的成長只發生一次。就在此刻，腦海裏重現護士將初生的孩子推到我面前跟她第一次見面的情景，第一次抱起孩子的情景，慶祝孩子第一個生日的情景，孩子學習爬行、走路、說話的情景，孩子第一天上幼稚園、上小學的情景，還有其他的第一次……在當下的存在和回憶裏，正如龍應台所說，的確有些經驗，是不可言傳的。孩子，我應承你，爸爸會繼續學習，不僅在腦海的回憶裏有你，也在我的眼睛裏有你，在當下的存在裏有你。

對父母來說，總會覺得孩子成長的歲月溜走得太快，因此不惜用很多方法把孩子成長的片段貯存起來，無論透過文字也好、照片也好、錄像也好，都是想把歲月留住。這些做法，一方面似乎渴望時間流逝的速度能減慢，甚至停頓下來；但另一方面，我們的社會，我們的教育政策，我們的不少父母，卻喜歡跟時間競賽，不停地鞭策孩子加速其成長的步伐，於是，不斷用大量的功課、默書、測驗、考試、補習班、課外活動來塞滿每天的生活，使孩子忙個不休。因此，我們的孩子從小就被訓練必須用最少時間和最高效率完成最多的工作，惟有適者才能生存。為何我們這班成年人，總是喜歡將自己的時間觀念加諸於孩童身上？為何偏要強迫他們配合自己的步伐？我們成年人喜歡趕時間，為何強迫孩子們也要趕時間？龍應台在〈孩子你慢慢來〉一文中，卻記錄了這樣一段感人的文字：「我，坐在斜陽淺照的石階上，望著這個眼睛清亮的小孩專心地做一件事，是的，我願意等上一輩子的時間，讓他從從容容地把這個蝴蝶結扎好，用他五歲的手指。孩子你慢慢來，慢慢來。」容讓孩子慢慢地存在於他們自己的時間裏，也只是把孩子生命存在的空間正式歸還給他們而已。

我們除了在趕時間的事情上剝奪了孩子的存在空間之外，我們學校裏的課程設計，可能也窒礙了孩子成長的自由和創意空間。龍應台在〈尋找幼稚園〉一文裏，提到了台灣和德國幼稚園的分別，前者還是保留了傳統的教學模式，強調組織性、集體性和規範性的學校生活；後者卻採用較自由和開放的模式。大概這就是東西方的文化差異吧。固然將西方的一套教育模式完全搬過來套用在中國人身上未必完全適合，而在強調個人自由和創意的同時，小孩也應該需要學習克制和規範；然而，有一件事情卻不得不重視，龍應台講得很對：「孩子們只有一件事，就是玩、玩、玩。」香港和台灣的教育制度相似，總是要剝奪孩子玩耍的空間，也許我們其實不太相信遊戲是孩童學習的最好方式，也許認為遊戲是太慢和太沒有效率的學習方法。然而，真的，孩子就是為玩耍而存在的，成年人卻不斷將工作加給他們，以致剝奪或壓抑了孩子最珍貴的存在空間。成人們，讓我們學習慢下來吧，惟有這樣，孩子才能慢慢來。

伍

傷逝・尋愛・情聚

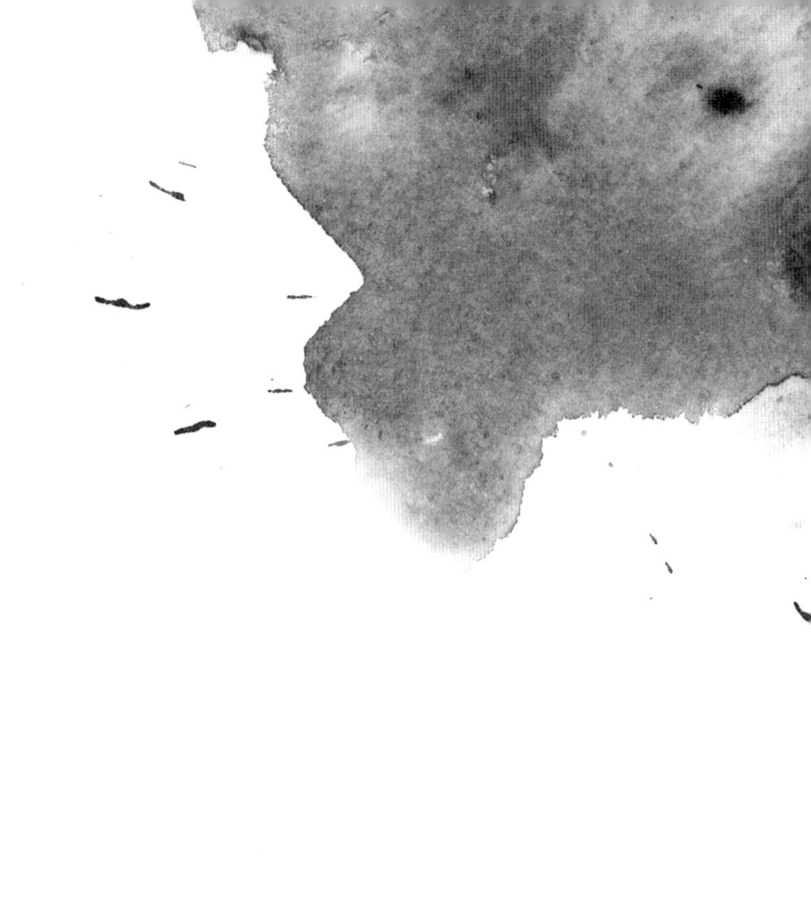

密陽下的陰霾，人生際遇中的一切順境逆境，仍是我們窮一生也不能參透的祕密。

申愛帶著兒子來到了亡夫的故鄉密陽展開新生活。

《密陽》下的陰霾

有人說《密陽》（*Secret Sunshine*）是一齣從苦難角度探討人生問題的反基督教電影，不過導演李滄東卻公開表明，宗教問題不是《密陽》要討論的焦點，所以亦根本談不上它是一部刻意反基督教的電影。

故事敍述李申愛（全度妍飾）由於丈夫死於交通意外，她便懷著喪夫之痛，帶著兒子離開首爾，來到亡夫出生的故鄉小鎮密陽居住。與其說她是要代替亡夫去完成他永遠無法完成的回鄉遺願（或遺憾），不如說是遇上人生不幸際遇時，為要繼續活下去而安排的一條出路，這既可與時刻勾起傷痛的空間（首爾）保持距離，卻又無需擦掉一切往事的記憶；畢竟忘記一切可能是更加痛苦的事情，剩下來的一點記憶也許能夠成為活下去的一種動力。於是，申愛一方面不斷提醒自己，要努力放下過去，重新開始；但孤獨的她，卻同時躺在沙發上模仿記憶中亡夫打鼻鼾的聲音，讓回憶中的依戀慰藉難熬的孤單感覺。申愛用了一種迂迴的方法，在自己生命裏頭為丈夫保存了一個位置，彷彿在密陽裏仍舊可以延續一家三口連在一起的生活，這可算是一種既抽離又依附的生存策略。

何況在這個陌生寧靜的小鎮上又沒有人認識，可以在這裏開始新生活。事實上，

「重生」是申愛由始至終渴求的心願，也是她走出傷痛繼續可以活下去的理由。因此，她一來到密陽，立即往理髮店剪髮，喻意一切要重新開始，就正如她在陽光普照的蔚藍天空下駕車駛往密陽途中，以為已經為自己面臨的「重生」鋪排了一條雨過天晴的光明大道。

在密陽裏，兒子終於重新上學，申愛亦逐步重建她的事業和家園，甚至還計劃要在那裏買地，意味著要在密陽落地生根。但當生活上的一切好像都安定下來的時候，卻人算不如天算，突然噩耗傳來，兒子不但被綁架，還慘遭撕票，一切的努力付之流水，轉眼成空，本來平靜安穩的生活立時進入一片荒謬混沌之中。

面對丈夫突如其來的死亡，申愛仍然相信能夠倚靠自己的意志和能力，一心想著只要勇敢和堅強地重新站起來過正常的生活，就能治愈內心的創傷，何況她依然可以將全副精神寄託在兒子身上。可惜到最後連兒子也失去，這時的申愛幾乎失去了所有的希望，立時失去了一切可以繼續支撐人生的立足點，所以當她往水庫辨認兒子屍體及出席兒子葬禮的時候，都沒有呼天搶地嚎啕大哭的表現，也許是壓抑著悲愴的情緒，但更可能是由於過度絕望而有的異常反應，哀莫大於心死，絕望才是致死的疾病。正是在這些情節裏看到導演李滄東的深度和功力，無論是丈夫或兒子突如其來的死亡，導演也故意不製造煽情的效果，面對死亡的悲愴，難道惟獨只得呼天搶地的一種情緒反應？難道一旦沒有這種流淚嚎哭的正常情緒表現，就應受到冷言冷語的對待，被批評為麻木不仁和冷酷無情？就好像婆婆對申愛的責備和控訴一樣。

就像我們的社會，每當遇上天災人禍等苦難的時候，難道也只懂獨沽一味，只會過度地以賺人熱淚的煽情故事、影像、照片去感動別人，不停地大量製造我們視為正常的集體情緒反應，甚至逐漸以此來印證自己的同情心並因而可以心安理得？如此，恐怕我們只是用煽情去掩飾內心真正的麻木和冷漠，也恐怕我們逐漸只會養成對死亡和苦難作情緒反應的習慣，卻欠缺深刻的體驗和反思。

甚至可能教會內的宣講、佈道、見證、崇拜亦如是。將原本複雜的人生和信仰，簡化為表面的現象和教條式的口號，然後配合感性的煽情元素，只會用人的主觀情緒經驗來塑造和決定信仰的內涵。坦白地說，其實只要懂得操控集體的情緒，就不難製造集體的屬靈「虛火」，也就會很快見到教會成功「復興」的景象，就像申愛所接觸的教會和宗教一樣！

藥房夫婦向申愛「硬銷」福音時曾經這樣說：「信主後你會看到看不見的東西。」這句說話固然被申愛一口拒絕，因為當時她仍然看得見兒子，仍然看得見照在密陽燦爛的陽光，她只相信和重視自己眼前看得見的東西和未來。不過言猶在耳，經歷喪子之痛的申愛，在心靈最悲痛絕望、意志最脆弱和完全失去精神支柱的時候，宗教卻成為她生存最後惟一的立足點。在感性（其實煽情）的集體祈禱、唱詩的宗教聚會裏，一直沒有為兒子突如其來的死亡流過眼淚的申愛，竟然像洪水決堤般流淚嚎哭。似乎宗教經驗終於取代了她失去的兒子，成為她剩下來惟一的精神寄託，在教會裏她又開始了另一段「重生」的日子，她甚至到處向人傳福音見證自己明白了「重生」的真正意義，乃是在於透過兒子的死，看到本來看不見的上帝的愛和祂的旨意。多麼美好的結局，這會是不少得救見證和福音電影最佳的題材。可惜……

原來跟著的情節才是電影的高潮和最具震撼力的地方，正當申愛以為自己在宗教上找到了平安喜樂的新生活之際，她決定要實踐上帝的教導，公開表示要親自進監獄探訪和寬恕殺死她兒子的兇手。結果卻出乎她意料之外，兇手竟然也向她說，當他為自己所犯的罪流淚懺悔的時候，早已感受到了上帝的寬恕，且同樣透過這次殺人事件，看到本來看不見的上帝的愛，他也一直有為申愛祈禱。本來申愛打算以寬恕消解一直壓抑在心底的仇恨，但這卻像一盆冰冷的水淋在她頭上，不僅徹底撲滅了她那團屬靈的「虛火」，最終還迸發出一股更歇斯底里式的怨憤：「他的罪已獲得上帝的赦免，還需要我的寬恕嗎？我怎可能寬恕？上帝怎可以在我還未寬恕他之前已寬恕了他？」喪夫之後，還可寄託在兒子身上，喪子之後，一廂情願以為還可寄託在宗教之上，現在連最後的寄託也失掉了，就仿如墮進無底的深淵，萬劫不復，好像再找不到活下去的動力和理由，剩下來她可以做的，就是以各種反叛和越軌的行為，向上帝開戰和揭露宗教的偽善。

未探訪兇手之前，也許申愛有她的一套想法，可能她認為需要藉著公開寬恕仇敵這種可見的善行，來證明宗教已成為她的一股精神力量和寄託，讓她有能力再次站起來，甚至有能力站在一個愛仇敵的道德高地，彷彿感覺到頭上帶了一個高人一等的屬靈光環。然而，兇手的反應，卻令申愛發覺上述的想法在剎那間竟然完全落空。她不能不瘋狂，不能抑制對上帝的怨憤，因為在她心目中，上帝出爾反爾，祂教導我們寬恕別人、愛仇敵的道德實踐，原來全都是落空的虛言，愛仇敵的教導全是謊話，她更可能埋怨上帝奪去了她站在道德高地的權利，使兇手跟她平起平坐，令她無法透過公開可見的善行來印證自己的「重生」，甚至使她懷疑，宗教裏的重生也可能只是一個騙局。

從人文主義者所推崇的自由主義和人本立場來看，當然不能接受個體被剝奪了道德抉擇和道德實踐的自由。因此，他們也許認為申愛對上帝和宗教的反叛行為，才是真正「重生」的開始，因為她終於擺脱了宗教對人心靈意志的麻醉和束縛，終於成為一個自主的主體。何況仇恨為何一定要用寬恕來消解？為何一定要以德報怨？為何不可以用「以眼還眼、以牙還牙」的報應原則來解決仇恨？事實上捫心自問，如果我有選擇的自由，也不能輕易作出愛仇敵這麼難行的道德抉擇。

那麼，應如何理解耶穌在其天國倫理中關於「寬恕」和「愛仇敵」的教導呢？我們也許可以從另一個角度來思考《密陽》內申愛與兇手在監獄內相遇的那段遭遇。故事的發展告訴我們，整件事情最關鍵之處，似乎只在於上帝的寬恕，卻完全不在於人有沒有寬恕。換言之，原來寬恕的恩典真的只能完全來自上帝，因為上帝首先已經寬恕了，縱然申愛不肯寬恕兇手，結果也沒有分別，兇手始終仍能獲得上帝寬恕的恩典。如此說來，可以說我們真的沒有選擇的餘地，不可能不寬恕別人，原來「愛仇敵」是上帝的命令，而不可能是人本身自由意志的抉擇，就算百般不願意，也只能順服遵行。想起耶穌在客西馬尼園掙扎的禱告，就不能不承認，順服上帝的旨意，畢竟才是基督教倫理的核心精神。

金宗燦（宋康昊飾）曾對申愛說：「真的需要見面嗎？心裏寬恕了不就是夠了嗎？」申愛卻堅持要見面，而且更要在眾人面前公開地進行。申愛的行動，令我想起耶穌一段論禱告的教導，這是針對屬靈驕傲的問題：耶穌要我們學習在暗室中向暗中的父作隱密的禱告（參太六5~6）。隱藏的目的，不外是要為一些人或事件保守祕密，使之不為人知。密陽這個平凡的小鎮，它的名字就是「祕密的陽光」的意思。然而，小鎮的名字雖然如此，鎮上服裝店的老闆娘卻說，在密陽裏生活不會有祕密可言，祕密的陽光照耀著這個不能掩藏祕密的小鎮，就好像在暗中的父完全可以察看掩藏在人心中一切的祕密和隱惡一樣。如此說來，人惟有放下一切的驕傲。「寬恕」原來不僅要我們放下仇恨，更要我們放下心中的驕傲和自我。

藥房夫婦和申愛也許以為，信主後就會「看到看不見的東西」，事實卻不一定如此，因為真正的「信」，並非在於「看到看不見的東西」，反而是相信那仍看不見的上帝的奧祕，最終仍然是「看不見」，仍然是「祕密」，正如耶穌所言：「你因看見了我才相信；那沒有看見就信的有福了。」（約二十29）聖經又如此記載：「然而上帝從始至終的作為，人不能參透。」（傳三11）密陽下的陰霾，人生際遇中的一切順境逆境，仍是我們窮一生也不能參透的祕密。

在密陽裏生活不會有祕密，因為這裏的人都愛說三道四、搬弄是非，在導演的鏡頭下，住在小鎮裏的人，幾乎都是小男人、小女人那類市儈庸俗之輩，尤其是一直纏著申愛的宗燦，更被她認定為勢利小人。申愛住在這班人中間，其實一直隱藏著一種自我優越感。然而，在她心目中，也許宗燦很平凡、很庸俗、很勢利，但一直守護著她的就是這個一心一意愛她的小男人。在電影的尾聲，宗燦拿著一面鏡子默默地站在申愛面前，幫助她動手為自己剪髮，似乎隱喻在別人的關心和支持底下，申愛再次開始重新生活。然後鏡頭隨著那剪下來在風中捲動的髮絲，落在陽光照射的尋常角落裏，電影結尾精彩之處，就是給觀眾留下了很大的想像空間。

然而，為何不少基督徒所拍的福音電影，所宣講的福音或得救見證，幾乎只會表達千篇一律的形式和內容？為何只懂將「福音」包裝成感性、甚至煽情的動人故事？為何我們的「福音」，只會將複雜多元的信仰和人生，簡化為人云亦云的屬靈觀念或口號式的行為準則？我們所傳的福音，何時變成只是廉價的福音，只是感性消費的福音，只是滿足信徒自我需要的工具，只是宣揚成功權能的福音？我們的福音何時變成只供人精神寄託或麻醉用的屬靈軟性毒品？何時真的變成「人民的鴉片」？就好像電影中藥房夫婦（這是很好的隱喻）一樣，將「信耶穌得平安得喜樂」這福音當作止痛藥來硬銷和兜售。如果《密陽》要反（或批判）的是如此的宗教、如此的福音，則反又何妨。如此說來，《密陽》反而可以被視為要我們反思福音真義和反省信仰的一部真正有深度的「福音電影」。

謹以此文記念在緬甸風暴和四川地震的災難中受苦和救災的人！

《藍莓之夜》：咫尺天涯的成長旅程

王家衛的作品，一向給人的印象，都是屬於文化藝術電影的類型，事實上並非大多數人都熟悉他那套帶點後現代味道的電影語言，亦未必很多人欣賞他那種太有個人風格的電影美學。無論如何，王家衛的最大貢獻，是豐富了香港電影文化的光譜，為這個單調乏味的商業電影市場添上異彩。不過他的近作《藍莓之夜》（*My Blueberry Nights*），可算是較容易被大眾受落的作品，有點回到他的處女作《旺角卡門》那種比較平易近人的路線。

《藍莓之夜》的主角是一名年輕的失戀女子伊利沙白（Elizabeth），貫穿整個故事的是關於主角一段迷失與回歸的旅程。電影第一幕的場景是一間咖啡店，好幾個晚上，伊利沙白一邊向咖啡店老闆哲里米（Jeremy）訴說她傷心的失戀故事，一邊反覆詢問如何告別逝去的愛情，一邊吃著他親手製的藍莓批。幾個晚上之後，傷心的失戀女子，決定離開這塊傷心地，單身上路，展開了一段流浪之旅。雖然旅程有點兒漫無目的及帶有一點自我放逐的味道，但又不是完全不知去向，因為她出發時曾説過：「只是要繞一條最遠的路去到對面街頭。」也許這是主角在愛情路上，迷失於抽離與眷戀的矛盾掙扎當中惟一可以選擇的路。

咖啡店是她的旅程的起點，走了三百天後，她又回到這裏，咖啡店終於亦是她的旅程的歸宿。整個旅程好像兜兜轉轉，卻絕對不是原地踏步。雖然空間上只有一條街的距離，但中間其實已經相隔了三百天的時間的變遷。在時間的歷練之下，雖一街之隔，卻可能是咫尺天涯。咖啡店、藍莓批、哲里米……都不僅是處於空間中的，它們更是處身於時間裏的，畢竟已流逝了三百個藍莓之夜，重回故地，但所目睹的，已經不再是三百個晚上前的藍莓批和咖啡店。

生命裏頭的一切事情，尤其是人與人之間的種種情感關係，似乎都逃不過時間變遷的考驗。儘管好像劇中的人物，面對人生變幻無常換來的傷痛，或以埋首工作、或以酗酒、或以豪賭來痲醉自己，讓自己失去時間的意識和感覺，但清醒過來的時候，會更加覺得人生的荒謬。原來時間與存在，如影隨形，揮之不去，時間彷彿不斷告訴我們，我們的限制是既不能迴避時間，卻又不能跟它對著幹。

在王家衞電影裏的角色，一向都對「時間」十分敏感和執著。《阿飛正傳》裏的旭仔，念念不忘「一九六〇年四月十六日下午三點之前的一分鐘」；《重慶森林》裏的警察何志武，以五月一日到期的菠蘿罐頭來比喻一份過期的感情；《東邪西毒》裏的歐陽峯，以「黃曆」的二十四節氣來敍述個人的歷史和預測世事的吉凶；《2046》裏的周慕雲跟一九六六和二〇四六這些年份的關係。時間不是實物，似有還無，我們只能捕捉生命存在的時間感，經驗具體生命在時間中的延續、起跌、成長與衰亡。

只不過在後現代文化氛圍底下，王家衛經常喜歡把故事中截然不同的時空拼合在一起，用剪貼拼湊的手法，將時間切割成零碎片段，為的是解構傳統綫性關係的時間觀，淡化人心裏頭深度的時間感和歷史感，明白生命中所發生的事件純屬偶然，只是由一段段不相關的斷裂碎片拼湊而成，不一定有前因後果。既然如此，無論生命也好，人與人之間的感情關係也好，都彷彿變成一塊一塊不能連貫的斷裂碎片，各自封閉，漂蕩流散而無所安頓。

事實上，哲里米也曾以後現代的視角去解讀愛情，失戀不一定有特別的原因或理由，就好像沒有客人選擇品嘗藍莓批一樣，不一定有甚麼前因後果。然而，伊利沙白卻相信，每件事情的發生總有原因，人與人之間的情感關係也不例外。事實上伊利沙白在旅途上遇到的事情，無論是警察亞尼（Arnie）那段破裂的婚姻，抑或少女賭徒雷思麗（Leslie）那段疏離的父女關係，都清楚交代了前因後果。電影裏的字幕，又經常交代伊利沙白行程的日數，旅程在綫性的時間裏向前邁進。而且在旅途中擦身而過的人和事亦非偶然，每段風景和故事，都開拓了她的閱歷和視野，深化了她的自我認識和反省，這一切都成為她日後生命成長的重要因素。在《藍莓之夜》裏，王家衛似乎稍為放下了後現代的表現手法，不再把時空切割成零碎片段，不再強調生命事件的斷裂感覺，反而好像想重構時間的綫性關係，拾回時間感的深度。電影的敍事似要告訴我們，儘管擺在面前的道路是崎嶇不平，變幻不定，卻仍要敢於冒險踏出時間旅程的第一步。因為在時間中的人生行旅，畢竟是對生命的一種重要歷練，對曾經在愛情路上跌倒過和迷失過的伊利沙白來説，這三百天咫尺天涯之路，就是她生命中一段非常重要的重生和成長旅程，時間固然可以重創生命，但同樣可以是生命的救贖。

伊利沙白生命的重生，反映在以下她所講的一句説話上：「有時我們需要以他人為鏡，借以界定自己，認識自己，而每照一回鏡子，我就多愛自己一些。」自我與他者的情感關係，一直是王家衛喜歡探討的主題，只不過以往電影裏的人物角色，總是很自我、不羈、執迷、冷漠、抽離、孤寂、沉默寡言；總有諸多的障礙或隔膜，使人與人之間不能好好溝通和理解；圍繞著人物角色身邊的，總是一些令人感到無奈、蒼涼、疏離、猜疑或刺痛的情感關係。然而，上面一段發生在伊利沙白於高速公路上駕車奔馳時的生命告白，説明了《藍莓之夜》在這一主題上又出現另一變奏。縱然活在急促發展、變幻無常和貪新忘舊的後現代社會裏，原來不一定需要關閉自己，冰封感情，只要明白關係可以決定個體的存在，他人可以界定和塑造自我，那麼，存在便可以不再是孤獨的。

人生路上其中一個最大的難關，就是考驗我們在人與人的情感關係中，能否在適當的時候執著？能否在適當的時候放手？伊利沙白留在咖啡店內的鑰匙，象徵著她始終未能放下那段逝去的愛情關係，直至旅程完畢，才可以把鑰匙拋掉。其實一份投入真正感情的關係，要放手又談何容易，豈能隨時隨地可以收放自如！伊利沙白也算清醒，因為她始終選擇了繞一條最遠的路往對面街頭，意味著她需要在時間所製造出來的空間裏，慢慢學懂在情感關係中如何平衡執著與放手，或者說，此刻的放手乃是為著下一刻的執著作準備。同樣，哲里米也在這三百天時間所製造出來的空間裏，不斷打電話尋找他日夕思念的伊利沙白，又堅持每日不斷地為她製造藍莓批，學習如何在距離之中執著愛情。愛情不但要浪漫，還要恆久忍耐，經得起時間的考驗。能否成功？就要看有沒有為情感關係保存了適當的距離和空間？

酗酒的警察亞尼婚姻失敗的原因，正是由於夫妻關係之間完全缺乏距離和空間。他深愛妻子，卻愛得令妻子透不過氣來，他以愛情作為操控妻子的手段，由始至終不能放手；在妻子心中，想過可能只有丈夫死去才能得到真正的自由，直到他真的死了，妻子的心反而覺得很痛。缺乏自由空間的愛情，到頭來只會成為雙方生命的詛咒！

人已經走了，一段錯過了的感情，一段只剩下遺憾的關係，惟有藉著亞尼留在酒吧牆上的賬單供人追憶。其實在人生路上，我們可能曾經錯過無數的風光和機遇，每一天都有數不清在我們身邊擦身而過的人和事，它們就算在眼前發生，我們卻仍可以毫不在意，不懂珍惜。也許哲里米是對的，他讓閉路電視成為他的日記，記錄了所有不珍惜、不在意的生命痕迹。

少女賭徒雷思麗，因為猜疑，同樣錯過了向父親作人生最後告別的機會，成為她一生最大的遺憾。生前沒有珍惜，人一旦死了，離去了，造成無法彌補的時空距離，留下的只能是生者對死者無奈的回憶。雷思麗一直駕駛著父親送的跑車在公路上奔馳，放逐自己，遠離父親，因為曾經受騙，因為不能信任，心理的距離跟空間的距離便成正比。然而，天涯咫尺，雷思麗其實又跟父親很接近，她甚至可能是最了解父親的那位，因為他們都是賭徒，同樣相信欺騙和猜疑就是賭徒生存的技倆，而賭徒的本性就是不輕易信任別人，猜疑令雷思麗變得對人對事漠不關心，不易投放真正的感情。因此，雷思麗其實很孤單；她欺騙伊利沙白，正是由於孤單而想找個伴一同上路。

通過這次咫尺天涯的三百天旅程，伊利沙白學懂了從別人的眼光來觀照自己、愛自己，也學會了在遠距離下重新認識愛情，重新去看周遭的人和事，就算不一定看得更客觀或更清楚，起碼也可以從不同的角度來看。出發前，她懷著迷茫、傷痛、疑惑的心情要繞一條最遠的路往對面街頭；回來的時候，她終於明白，要過這條馬路其實不難，最重要的是看清馬路那一邊是誰在等候著你。伊利沙白終於走完一條回家的路，有點像聖經裏頭浪子所走過的路一樣。

《物以情聚》+《味道／聲音》

陳慧的作品，讀下去就如躺在溪水旁喝一口清茶，潺潺的溪流如樂韻在耳邊悠揚，淡淡的甘味和微微的幽香在口與鼻之間徐徐散發，恰如其分，悠然而來，悠然而去，留下來的感覺記憶，可以停留很久，讓人再三回味。

陳慧好像對物情有獨鍾，她喜歡詠物，由廁紙到樂器，由垃圾到月亮，由湯圓到大山，無論貴或賤，無論大或小，無論可以隨手拈來抑或遙不可及，都可以成為她書寫的對象。雖然如此，但她絕不唯物，反而說她唯心，也不過分。每每詠物，她都由心出發，用心來觀察，用心來聆聽，用心來品嘗，用心來感觸。因此，就算在日常生活中不經意地擦身而過且毫不起眼的平凡事物，都會被陳慧的心緊緊捉住，反覆細味，而往往就能嘗到事物背後的人情味道。離開人情，物是死的，了無生氣。惟有好像她其中一本書的書名《物以情聚》所示，在死物中添上人情味道，頓然帶來活潑生命力的朝氣。

《物以情聚》和《味道／聲音》兩本書，最能代表陳慧詠物談情的特色。一般而言，談情這事，只發生於人與人的相識相遇之間，一男一女，兩情相悅，花間月下，喁喁細語，此謂之談情。但陳慧所談的，卻是人與物相交相遇之情，當然圍繞著這種人與物交

陳慧的其他作品包括：《拾香記》（1998）、《補充練習》（1999）、《四季歌》（2000）、《人間少年遊》（2001）、《看過去》（2002）等。

遇之情的又是種種的人情關係。

中國人一向注重吃的文化，由慶祝出生的滿月酒到悼念死亡的解慰酒，一生人都離不開食物。在《物以情聚》的〈筷子〉一文裏，陳慧說：「從學執筷子這回事上，想到了我的父母——在我的家裏，父親母親有專用的筷子，象牙製……經過了這些年月，兩對象牙筷子，都透出了光潤的琥珀色澤，至於孩子所用的骨筷——沒相干了，反正都很少回家吃飯……」隨著兒女漸長和自己年紀老邁，不少父母心裏總是或多或少有一種被遺棄的感覺。

垃圾本來是一種無用多餘的廢棄物，它隱喻著人生當中種種遺棄與被遺棄的經驗，遺棄代表了人心內的冷漠無情，也代表了關係的終結。然而，陳慧卻為我們娓娓道來一個充滿父子溫情關係的拾「垃圾」的故事：「印象深刻的是一個小男孩——都已經是深夜了，哭哭啼啼的由父親陪伴著，尋回輪子無法轉動的小單車。」遺棄了的，堅持要尋回，拾回的是一份捨不得的情，在人生尋尋覓覓的拾荒旅途當中，可幸的是有一個不離不棄陪伴著自己尋覓的人。

因捨不得而要尋回的還有逝去的日子，無論是歡笑的、慟哭的，在舊的日曆月曆裏，就能尋回那逝去日子的痕迹。「父親一向包辦全家的日曆月曆。從多年前的甄珍凌波翁倩玉鐵牌日曆，到近年由銀行、煙草公司、航空公司發行的紙牌月曆……處理父親的遺物，抽屜裏有裝寶貝的樟木小箱，打開來，都是發黃的小紙頭，細看，原來是從日曆牌上撕下來的，我逐一張開……其上有父親的筆迹，無聲地在樟木小箱內發黃，印證了我家裏的紀念日。」還用鐵牌日曆的年代，日子一天一天地被撕下來，日子也就這樣一天一天地被數算過。在鐵牌日曆消失而代之以電子月曆的今天，祈求創造主仍教導我們懂得數算自己的日子，好叫我們得著智慧的心。

回憶與懷舊是《物以情聚》其中一個主題，當中有不少勾起香港人集體回憶的物品——象牙筷子、酒辦、火柴盒、啟德機場的跑道、鐵牌日曆、唐老鴨錢罌、鵝毛扇、噴水壺、紅白藍尼龍膠袋、花露水、公雞碗……物品被人用過，就有了情，也記錄了一段段香港人的故事，當物品還在的時候，尚可睹物思情，一旦物品逐漸在日常生活中消失，那份情、那段故事就只能留在記憶之中，抵禦著時間日久的洗刷。然而，在鼓吹貪新忘舊的消費生活中，兩三代人之後，可能連最後的痕迹也被無情地沖走了。

若問世間，情是何物？在陳慧的《味道／聲音》裏，我們可能找到答案：情是食物，食物也是情。言下之意，人生食譜，就是一封一封情書，愛情猶如食物，養活著每個人的生命。陳慧用骨肉親情和男女之間的戀愛情事作為材料，配搭不同食物，泡製出一道充滿甜酸苦辣的人生菜餚，並且將這道菜色記錄下來，成為一個醉人、甜蜜、暖在心窩的愛情食譜。

〈味道〉這短篇小說，寫的是一個家庭內三個女性的故事。母親的名字叫莫陳婉娥，大女兒叫二秀，小女兒叫甜甜。莫陳婉娥是一個烹飪高手，廚藝已到爐火純青的境界，她有一套獨步的內功心法，就是「每種食物都有一支歌」。她彷彿能夠將聲、色、香、味水乳交融地渾成一體，以致夠資格被甜甜形容為一個藝術家。書中不少角色的名字都跟食物有關，如可可、可樂、皮蛋、蘋果。甜甜這名字表達了莫陳婉娥對丈夫甜蜜的愛意。可可這種又甜又苦的飲品，卻表達了她對丈夫的失望，因為從可可出世開始，莫先生再很少回來一家人同檯吃飯了。

小說其中一條主綫就是描述夫婦兩人情感關係的變化。莫陳婉娥喜歡入廚，全是因為這些年來丈夫一直迴避自己，下廚算是對丈夫的一種奉獻，目的為了重新擒獲丈夫的心。也許有人批評這是傳統婦女的偏執或愚昧，可是不少現代的愛情故事，正正在於缺少了一份偏執而不在乎天長地久，能夠執子之手，與子偕老，誠然是人世間一大學問。

多少夫妻感情冷淡，問題都出在「溝通」二字，莫先生傷了妻子的心，也在於不懂得表達，然而，如陳慧所說：「誰又是懂得表達的呢？」我們往往以為，言語文字是最能幫助我們清晰表達和溝通的工具，卻忘記了語言文字既是最容易被人拿來玩弄和掩飾的把戲，也是最容易被人當作自衛傷人的武裝，亦忘記了因語言文字背後的種種偏見而造成的誤解。故此，語言文字可能反而是表達和溝通的障礙。未知莫陳婉娥是否深明此理，於是從沒有想過要出食譜把烹調方法寫下來，「她有話要說，她就煮……甜甜頓悟，母親是用烹調方法來寫……她將她要說的話醃和在食物裏。可是，大家有沒有看懂莫陳婉娥寫的東西？」莫先生就是偏偏看不懂，當然在看不懂的背後，可能是他那不想安定、愛自由的浪子性格使然。

莫陳婉娥終於主動提出離婚，但原因竟然是：「這些年來都要你揹上不是好丈夫的名聲……我要每個人都自覺虧欠了我……其實我很自私，這些年來，現在我終於明白，你走吧。」她終於醒覺到原來奉獻與操控、犧牲與自私可以在感情關係中如此地混淆不清，隨著她的清醒與放手，豈料卻也換來浪子的醒覺，原來心底裏他最怕的是妻子的離開，他很想回家，他要重新擒獲妻子的心。莫先生最終也學會了用行動來訴說心事，趕去他們第一次約會的餐廳給妻子買窩蛋免治牛肉飯，用妻子每天為他保存食物的保溫飯壺為她送上親手煮的咸麥皮，以及將她最愛吃的方糖放在她口裏，最深刻的愛情有時原來就是如此樸實簡單。

離家出走的又何止莫先生，還有甜甜，她離家的原因是為了逃避食物，為了減肥，因為她的男人要她減去四十磅才應承娶她，又是另一段糾纏於自私與犧牲的感情關係。試問哪個女人敢說，愛情只屬精神性的，跟身體無關。然而，儘管甜甜如何努力，當她的男人拿著一把生果刀將雪梨一分為二那天開始，就已經預示了分離的命運。男女感情之事，在人意與天命之間，原來那句「順其自然」始終是愛情習作中的金科玉律。甜甜偶然遇上另一個男人，這男人卻要帶她往麥當奴，為她送上脆薯餅，佯裝給她吃她最心愛的粉絲節瓜蝦米，他偏偏就是用食物擒獲了她的心，愛情有時就是這樣地弔詭，在放手之間卻恰恰被捉住了。

另一個女人二秀，她甚至比甜甜和母親更愛烹飪和食物，卻不會像甜甜般為了心愛的人而逃避食物，也不像母親般為了心愛的人而愛烹飪，而只是為了愛自己而愛烹飪，烹飪是她夢想的事業成就。在甜甜心目中，如果母親是個藝術家，二秀卻只是個出盡九牛二虎之力的工匠；如果母親所做的是一種奉獻，二秀所做的只是博取掌聲而已。

舊約創世記一開始就敍述了一個關於物和食物的故事。聖經第一件事就談論上帝與物的關係，上帝並非一位只重精神卻否定物質的二元論者，祂從無中創造萬物，說有就有，命立就立，並且看著萬物是好的，祂完全擁有支配萬物的絕對主權。雖然如此，祂卻吩咐人管理萬物，如此便開展了人與物的關係，人被授權只作萬物的管家，而不是主宰及操控萬物；這當然也不應給倒轉過來，讓人變成物質的奴隸。而且上帝並非只叫亞當一人管理萬物，祂為亞當造了一個配偶幫助他。在人與物的關係中間，上帝安排了最親密的男女關係，這才能構成一個有情的人間世界。

上帝同時又透過食物表明了祂與人的關係：祂將蔬菜和果子賜給人作食物。由此看來，起初人的工作只是管理上帝的創造，而不是為了賺取食物；食物是上帝的恩典，上帝透過食物，表達了對人無條件的愛。不過真正的愛應該是雙向的，人也應該懂得向上帝的愛作出回應。上帝再次藉著「只是分別善惡樹上的果子你不可吃」這條食物禁令，讓人體會惟有忠於上帝並順從上帝的話就是對上帝的愛最好的回應。雖然只是區區一個果子，卻挑起了人自我中心的無窮慾念，以自主的抉擇來代替對上帝的忠誠和順服，最終也換來人與上帝、人與人、人與物的關係的疏離和破裂。原來人世間種種的背叛與忠誠、衝突與和諧，可能都跟物和食物有關。不要忘記，新約記載耶穌所行的第一個神蹟——在婚宴中變水為酒，豈不也是一個關於飲食男女平常生活的故事麼？回到飲食這種平凡事，原來就能明白道成肉身的大道理。

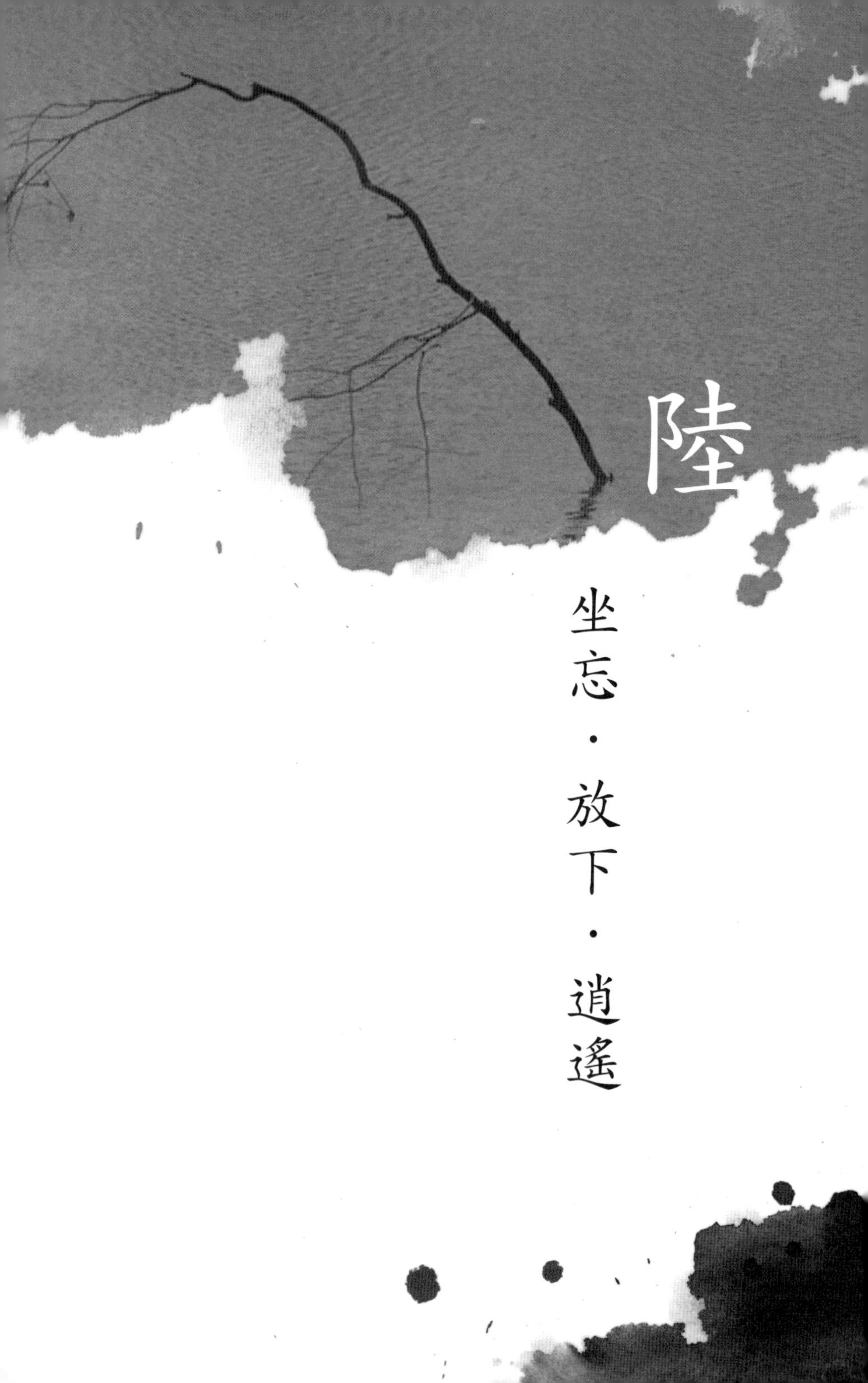

陸

坐忘・放下・逍遙

原來忘記可以是通往專注的路徑，忘記本身不是目的，忘記乃是為了專注。

莊子逍遙遊的閑適境界

游山玩水是休閑

按照《說文解字注》，「休」乃會意字，人倚木而休，有息止之意。在中國古代的文字裏，「閑」與「閒」字相通，亦為會意字，「閑」字從門中有木，「閑」者，清閒也；「閒」字則開門而月入，門有縫而月光可入。由此可見，無論是「休閑」抑或「休閒」，這些字都跟大自然（木、月）有關。故此，「休閑／閒」實在含有人和大自然和諧共處、互相感通合而為一的引申意義，中國人似乎較喜歡從人和大自然的關係去理解和實踐休閑。事實上，中國古代的文人雅士，游山玩水就是一種最典型的休閑生活，要體驗休閑，就要回到大自然，不像現代人般總是喜歡在餘暇時往主題公園或商場消費。

「休閑」不但跟大自然、山水有關，也跟「游／遊」有關。在中國文化裏，道家講「游」，正是從無為及自然、入手。為何道家總是要回到大自然來講

「游」？因為他們認為道就在大自然中開顯。莊子的〈逍遙遊〉篇，正是以藍天綠水、鳥獸虫魚、山林樹木為題，從人與大自然無為、無用、無待的關係中去講遨遊於道的逍遙自在境界。

莊子講逍遙遊固然也不是憑空而論，說到底也是為了要解決困惑眾生生命的一些人生大問題而有感而發，只不過他並不以逍遙遊作為解決人生問題的手段或方法，卻以逍遙遊的閑適境界作為人生嚮往的目標。故此，本文會以〈逍遙遊〉作為核心，然後輔以其他篇章，來理解莊子對逍遙境界的體會。

生命之疲憊：生有涯卻知無涯

在莊子心目中，人生的大問題究竟是甚麼？他在〈養生主〉篇一開始就點出困惑生命的一個大問題：「吾生也有涯，而知也無涯，以有涯隨無涯，殆已！已而為知者，殆而已矣！」他不但認為人的生命壽數有限，而且每個人先天稟賦之氣質才性也早已命定，生命之發展不得不受其限制，這種有限性乃生命之實況。

而「知也無涯」亦總是生命之實況，這個「知」不僅是知識的意思，牟宗休閑不單止於肉身的休息，休息固然可以消除肉身的勞累，但不能徹底解決生命和心靈的疲憊和困乏。

三根據郭象的註釋，認為「知也無涯」是指到心思意欲對人世間之名利、權勢、才幹、學識等事物，甚至是對儒家所強調的道德良知之教化培育的無邊無際之追逐。〔二〕既然「吾生有涯」和「知也無涯」都是生命之實況，甚至亦知道「以有涯隨無涯」會有「殆已」的後果，可惜的是人總不能安於生命之實況，最大的問題還是「已而為知者」，總是明知故犯，總是讓無窮的心思慾念在有限的生命中作無邊之追逐，人生如此陷溺於無窮的追逐之中，心靈那裏會有寧靜和自由！生命又豈能不疲憊、不倦怠！由此可見，休閑不單止於肉身的休息；休息固然可以消除肉身的勞累，但不能徹底解決生命和心靈的疲憊和困乏。至於在餘暇縱情於消費享樂的生活，不但不能解決問題，甚至會使心靈更陷溺於肉身慾望的追逐之中，而使生命加倍的疲憊和困倦。故此，若要享受真正的休閑，就惟有讓心靈回到自然，並回到與天道逍遙同遊的自由自在境界。

從「無為」與「無用」解釋逍遙遊的閑適境界

莊子的終極關懷，大概就是從逍遙與齊物的工夫論這角度切入來談「體道」

的問題。「夫體道者，天下之君子所繫焉。」（〈知北遊〉）莊子如天下之君子一樣，「體道」乃心之所繫之事。問題是如何體道？因為道是無形無聲，甚至不可名狀，無法言傳。故此，道絕不是透過理性分析或經驗歸納可以論證的客觀認知對象，只能在主體生命的智性直覺中體證出來，就好像庖丁解牛，「臣以神遇而不以目視，官知止而神欲行。」（〈養生主〉）必須以心神直覺代替感官經驗遊於道中，才能「上與造物者遊，而下與外死生無終始者為友。」（〈天下〉）

〈逍遙遊〉是《莊子》〈內篇〉的第一篇，莊子所論的逍遙遊，其實就是主體生命的智性直覺體道之境界。「逍遙」一詞，並非只見於〈逍遙遊〉篇，在《莊子》其他篇章中亦可找到，下面舉出其中一些段落：

芒然彷徨乎塵垢之外，逍遙乎無為之業。（〈大宗師〉）

古之至人，假道於仁，託宿於義，以遊逍遙之墟，食於苟簡之田，立於不貸之圃。逍遙，無為也；苟簡，易養也；不貸，無出也。古者謂是采真之遊。（〈天運〉）

按照郭象的《莊子》註：「遊而任之，斯真采也。采真則色不偽矣。」換言之，「采真之遊」就是順應自然、反璞歸真之遊，而逍遙遊正正就是采真之遊。

此外，上面兩段文字均以「無為」來解釋「逍遙」，在道家的思想裏，道不是寂然不動的形上實體，「反者道之動」（見《道德經》四十章）說明了「反」是「道」的運動規律，意思是指每一事物皆處於一種從正到反，又由反變回正的循環往返的變動狀態。既然「道」有這種「反」的特性，於是老子便說：「為者敗之，執者失之，是以聖人無為故無敗，無執故無失。」（《道德經》六十四章）在事物不斷正反變動的狀態中，又何必執著於一端，「執」就會使心陷溺於外物，反而不能明白「道」，故老子又說：「為學日益，為道日損，損之又損，以至於無為；無為而無不為。」（《道德經》四十八章）簡而言之，「無為」有無執、不造作、順應自然的意思。惟有讓心靈不偏執，順應道體之變化運行，在虛靜中觀照萬物在「反」中之流逝變化，就能與道同遊，也就是上文莊子所講的「采真之遊」。

在〈逍遙遊〉裏，莊子也曾經將「無為」與「逍遙」放在一起，以形容如何漫無目的地及悠閑自得地在大樹底下徘徊躺臥：「彷徨乎無為其側，逍遙乎寢臥其下」。這兩句說話被放在整篇〈逍遙遊〉結束的一段文字裏，不可輕看其重要性。不過這段文字的重心卻不是放在「無為」上面，而是「無用」，當然「無用」與「無為」在意義上是一脈相承的。在這一段說話之前，其實有好幾段文字，都是圍繞著「有用」抑或「無用」這個主題來談論逍遙自由的境界。

莊子提到堯帝有意將天下讓給許由，許由卻拒絕接受，他以鷦鷯築巢只佔一根樹枝，以及偃鼠飲水也只不過把細小的肚子填滿就已足夠作為例子，來表明「予無所用天下為」，天下之大對微小的許由又有何用處呢？若為虛名而得天下，不能知足，反會受虛名束縛而失去自由，故此虛名猶如天下，實在得之無所用。

莊子又引用另一例子，宋人意圖以殷制的冠帽作為貨物賣給越國，不過越國人的習俗是剪斷頭髮，不戴冠帽的，於是冠帽對於他們全無用處。「有用」抑或「無用」，很多時其實就是一種由人建構出來的價值標準，然後以此具有相對性的標準來量度比較，評定何者有用，何者無用。若宋人堅持冠帽對越人有用，就是執著以自己的利益和觀點出發，並將自己的價值標準強加於別人身上，這就成為對別人的壓迫和束縛。惟有破除「有用」的偏執，以「無用」的態度切身處地待人接物，才會減少比較競爭，才能促進關係之和諧，總之一動不如一靜，這也跟老子所講的「無為而治」意思相近。

在〈逍遙遊〉裏，又記載了兩段惠子與莊子的對話。首先惠子指出，葫蘆大而無當，不能盛水，得物無所用。莊子卻指出主要視乎「所用之異也」，因為用的方法各有不同，用得恰當，就無往而不利。莊子在這裏所講的，其實是為下文要講的「無用之大用」這個重要主題鋪路。

惠子再指出，有一顆稱為樗之大樹，可惜它「大而無用」，於是就算樹立在路中央，木匠也會不顧而去，亦被眾人遺棄。然而，惠子的問題，正在於他只從效益主義的角度來衡量大樹的價值，而判定它沒有實用性。針對惠子實用主義的觀點，莊子在全篇〈逍遙遊〉結束之前，講了幾句非常重要的說話：

今子有大樹，患其無用，何不樹之於無何有之鄉，廣莫之野？彷徨乎無為其側，逍遙乎寢臥其下，不夭斤斧；物無害者，無所可用，安所困苦哉！

（〈逍遙遊〉）

莊子正要指出，這顆被木匠所棄，沒有實用價值的大樹，正好因為它的無用性，所以才不會招致斤斧的砍伐，它的無用，反而確保了它免於困苦及傷害而能安然存在，故此莊子反問惠子：「何不樹之於無何有之鄉，廣莫之野？」好讓人可以悠閑自得、逍遙自在地在大樹底下徘徊躺臥，這豈不正是莊子的「無用之用，是為大用」的價值取向麼？王邦雄對這一點有很好的詮釋：「『無』當動詞來解，無掉『用』的執著，讓『用』回歸自身，這樣的用，才是人人皆有用的大用，這個『大用』是『用』本身的大，不是以某一個不合理的標準來區分的小大。」〔三〕一旦能夠放下效益主義對實用性之執著，也許就能逍遙自在地遨遊於無何有之鄉和廣莫之野，這是指精神自由自在的遨遊，是心神觀照道體的心靈活動。無用之用正是要引領我們進入這逍遙遊境界。

從「無待」解釋逍遙遊的閑適境界

在《莊子》裏經常出現「遊」字，〈逍遙遊〉中也多次提到「遊」。當我們想像未化為鵬（大鳥）之前的北海鯤魚在水中暢游；或鵬鼓動翅膀直上雲霄，在廣闊無邊的天空翺翔萬里；或小澤的雀鳥在蓬蒿之間隨意飛行的時候，也許會羨慕牠們那種無拘無束、悠然自得其樂的自由生活。甚至可能幻想自己如列子般御風飛行，享受優遊自在的旅遊樂趣。

然而，在莊子的心目中，鵬和列子其實仍未享有真正自由，因為他們依然「有待」。鵬所依待者是風，而且正由於其體形太大，故此所依待的必然要是大風。〔三〕列子之御風飛行也如是。〔四〕「有待」即有所憑藉，有所依靠，於是便受外在條件之約束，不能自主，沒有真正的自由。

莊子認為，惟有「無待」，才能得到真正的自由。以下兩段記載在〈逍遙遊〉篇的文字，可以幫助我們瞭解莊子講「無待」的意思：

若夫乘天地之正，而御六氣之辯，以遊無窮者，彼且惡乎待哉？故曰：至人無己，神人無功，聖人無名。

藐姑射之山，有神人居焉。肌膚若冰雪，綽約若處子。不食五穀，吸風飲露。乘雲氣，御飛龍，而遊乎四海之外。

難道人真的不知道「吾生有涯」的限制嗎？正正就是意識到卻又不能接受這個限制，才會刻意努力要去征服此限制，可惜反而更陷於「已而為知者」的限制和困局。

當然莊子所講的「無待」並非要完全否認「有待」的實在性，尤其從人的肉身之有限性而言，「有待」正是生命的實況；沒有風，無論大鳥小鳥事實上都無法飛行；沒有水和食物，人就不可能存活。其實若要做到「無待」，首先正是要承認肉身上「有待」的實在性，不能承認「吾生有涯」，就無法避免「以有涯隨無涯」的陷溺。故此，莊子所講的「無待」應被辯證地理解為：由肉身上「有待」的承認到精神上「有待」的坐忘的一種生命的超越。

難道人真的不知道「吾生有涯」的限制嗎？正正就是意識到卻又不能接受這個限制，才會刻意努力要去征服此限制，反而更陷於「已而為知者」的限制和困局。莊子正要指出，「乘天地之正，而御六氣之辯，以遊無窮者」，「不食五穀，吸風飲露。乘雲氣，御飛龍，而遊乎四海之外」，就是出於「無待」的一種精神遨遊四海的逍遙境界。然而，在天的飛龍，天地的正道法則，以及瀰漫於天地之間六氣（即陰陽風雨晦明）的變化，難道是我們這等有限的人所能駕馭的嗎？天地之正既不能征服，六氣之辯又不能駕馭，人應該做的首先就是忘我，忘掉從自我出發去操控外在世界的心思意欲，不在意外在環境對自我的牽連，忘記自我對各種身外之物的競逐攫取，而選擇順應正道的法則和六氣的變化，才能物我兩忘，以致「天地與我並生，而萬物與我為一。」（〈齊物論〉）莊子認為，由於至人之不以自我為中心，不執於己見，忘掉自己；神人之不在意自己所成就的功德和偉績，不好大喜功；以及如聖人之無心追求名聲，甘於淡泊。這種無己、無功和無名，正顯出無待的自由。所以惟有如姑射山之四子這種至人、神人和聖人，才能夠真正逍遙遨遊於此無窮境界，做到真正無所依待，心靈享有真正恬靜閑適的自由。

道家思想主張我們放下人世間一切世俗的功名利祿、位分權勢、文物制度、道德禮教，不要執著於天下間一切的「有」，把一切約束心靈的「有」全然忘掉。如此主張，好像叫人出塵避世，不食人間煙火。然而，莊子說：「魚相忘乎江湖，人相忘乎道術。」（〈大宗師〉）魚沒有離開江湖，也不可能離開江湖，卻由於能忘乎江湖，反而更能笑傲江湖，在其中自由暢泳。道家思想也並非叫人離開俗世人間，只是主張從人為造作的文化世界隱退出來，回歸自然天地，尋回本真生命，以一顆赤子之心，跟造物者同遊於江湖之內，四海逍遙。

遊戲人間是逍遙

在文章開首曾提及，休閑不但跟自然山水有關，也跟遊玩有關。所以游山玩水不僅是回歸大自然郊遊，同時涉及玩耍、遊戲。在成年人的世界裏，一般只會認為工作、勞動、成就、業績是生命中最重要的事情，我們一向忽略遊戲的重要性；孩童的世界卻完全不同，遊戲可算是他們生命的全部。不過必須強調，這裏所講的「遊戲」，不是英文裏的game，而是play，兩者是有些微分別的。前者一般是指到一些現成的（電子）玩具，要嚴格遵守既定規則的遊戲，或具有競爭性的比賽項目；後者卻是指到一些漫無目的，較強調即興、創作、想像，較隨意而帶有玩耍性質的自由活動。在《莊子》裏經常出現「遊」字，莊子的「遊」固然是指後者而並非前者的意思。事實上徐復觀曾以「遊戲的昇華」來解釋莊子的「遊」的意思，他說：

> 莊子雖有取於「遊」，所指的並非是具體地遊戲，而是有取於具體遊戲中所呈現出的自由活動，因而把它昇華上去，以作為精神狀態得到自由解放

的象徵。其起步點也正和具體地遊戲一樣，是從現實的實用觀念中得到解放。〔五〕

如果遊戲能夠幫助我們從現實的實用觀念中得到自由解放的話，這豈不就是莊子「無用之用」的一種體現嗎？而遊戲者正是以一種「無用、無待、無邪」的心情，進入一種悠然自得、逍遙自在的自由境界。若將這種遊戲的心情和取態實踐於日常生活當中，也許就是一種遊戲人間的生活態度。

在莊子的思想裏，可算〈養生主〉裏解牛的庖丁最能代表這種遊戲人間的生活實踐。由於「臣以神遇而不以目視，官知止而神欲行」，因此能夠「以無厚入有間，恢恢乎其於游刃必有餘地矣！」庖丁已將解牛一事，從一般屠夫依賴感官經驗的一種屠宰技術超越出來，以悠閑自得的遊戲心情，順應心神直覺之帶動，以致出神入化，游刃有餘。庖丁已將解牛的工作，昇華為一種具有創造性自由的藝術，逍遙乎遊戲人間。

《大宗師》與《不知之雲》的坐忘

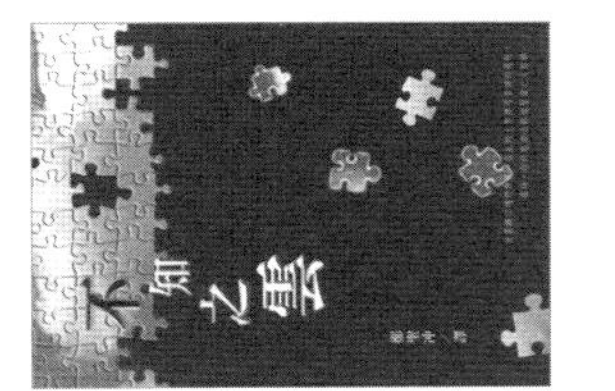

《不知之雲》，鄭聖沖譯（台中：光啟出版社，1970）

《不知之雲》（*The Cloud of Unknowing*）是十三或十四世紀一位匿名作家所寫的靈修經典作品，是為那些要靠著上帝的恩典過安靜默觀生活的基督徒而寫的，它被人認為帶有一套較濃厚神祕主義色彩的屬靈觀。正如作者所言，在我們與上帝之間，彷彿隔著一片「不知之雲」。

不過作者還提醒我們，當我們要進入這片雲內安居的時候，還要加上一朵「坐忘之雲」（the cloud of forgetting）。此書中譯本的譯者特意選擇了莊子在《大宗師》裏的「坐忘」一詞來翻譯，似乎暗示可借莊子「坐忘」的觀念來閱讀此書。[二] 在《大宗師》裏，莊子故意假借孔子與顏淵的對話而論「坐忘」，該段文字如下：

> 顏回曰：「回益矣。」仲尼曰：「何謂也？」曰：「回忘仁義矣。」曰：「可矣，猶未也。」他日復見曰：「回益矣！」曰：「何謂也？」曰：「回

忘禮樂矣。」曰：「可矣，猶未也。」他日復見曰：「回益矣！」曰：「何謂也？」曰：「回坐忘矣。」仲尼蹴然曰：「何謂坐忘？」顏回曰：「墮肢體，黜聰明，離形去知，同於大通，此謂坐忘。」仲尼曰：「同則無好也，化則無常也，而果其賢乎？丘也請從而後也。」

在莊子心目中，儒家的成德之學，也許正是老子所言的「為學日益」的學問工夫，故莊子似乎刻意用「回益矣」之字眼而有所暗喻。然而，莊子語帶諷刺地點出顏回之「益」其實在於一個「忘」字，由忘仁義到忘禮樂，而最後達到坐忘的境界，顏回之「益」竟然在於能夠「忘」掉儒家成德之學問工夫，恰好就是老子所言的「為道日損」這種大智若愚的智慧。

何謂坐忘？坐忘就是「墮肢體，黜聰明，離形去知，同於大通」。「墮肢體」就是「離形」，是關乎「坐」的問題，莊子這裏所講的「坐」不一定指形軀的靜坐，剛好相反，若不執著於肢體的行動抑或靜止，心靈反而能夠因為忘記肉身的存在而超越形軀的束縛而得自由，所以「坐」也是為了「忘」，為了得到心神的自由，這恰好是「墮肢體」和「離形」的真正意思。

而「黜聰明」就是「去知」，是關乎「忘」的問題。按照莊子的意思，人本應追求的是靈台心，在《庚桑楚》裏對此靈台心有以下的談論：

靈台者有持，而不知其所持，而不可持者也。

靈台心必然拒絕將自己置於一主客對立的格局中去把世界視為外在對象來處理和認識，它基本上是一超越對象性的虛靜心，其作用是在觀照中表現虛靈明覺，而此虛靜的靈台心一旦作用，就能觀照及朗現道體的虛靜性。

然而，由於識知心的流行，卻使心靈下墮而離開虛靈明覺愈來愈遠，此種識知心大概是指一般的理性認知活動，它必定有所執著和計算，總會將認識主體和現象世界置於一主客對立的格局中來處理；莊子固然認為，識知心不但不能使大道朗現，反而是通於道體的障礙。所以他要談「去知」，「去知」指的是摒除聰明的作用，去除機智，忘掉主體和現象界主客相對立的格局，否定理性認知活動的大用，洗去由識知心所把握現象界的經驗內容，這就是「忘」的工夫。但「忘」和「去知」不是目的，「忘」是為了有所「不忘」或有所「得」，而「去知」或「不知」是為了得著無知之知，是經過一超越是非彼此、主客所能得的「真知」，是靈台心或虛靜心所能表現的虛靈明覺，所能朗現體悟的大道，也就是所謂「同於大通」，即能夠順應大道之變化而與大道相通相合之自由境界。簡而言之，坐忘就是重新朗現靈台心的一套工夫。

當基督徒在靜觀中試圖以理性、感官、想像來認識上帝的時候，《不知之雲》的作者卻提醒我們，在我們與上帝之間隔著一朵「不知之雲」，這「不知之雲」又名「黑暗之雲」，是指到我們好像被「黑暗之雲」遮蔽，完全無法以理性、感官、想像來看見上帝本身。上帝本身是不可知的，在我們與上帝之間，隔著無法理解的黑暗，真正地進入靜觀就是進入這種無法理解的黑暗之中，留駐於那朵「不知之雲」裏。〔三〕猶如在我們與上帝之間隔著一朵「不知之雲」一樣，在我們與一切受造物之間也應放上一朵「坐忘之雲」。在靜觀時，既然人的理性思想和感官經驗不能洞察上主，不如就將這些能力，以及藉著這些能力而有的各種思念內容統統丟到「坐忘之雲」裏，改為單單以純真的愛去愛那不能用理性之光清楚認識的上帝。

然而，也許有人仍會質疑，上帝既然賜給人有認知的能力，從人的認識心而來的思念也不一定是壞事，也許在認識上帝這件事情上會為我們帶來一點兒的幫助，為何硬要把它們丟入「坐忘之雲」呢？其中一個原因固然就是上文提過的「不知之雲」的問題，從人的認識心架構出來的思想觀念，對認識上帝的本體豈能有絲毫的幫助呢！這些令人分心的思緒雜念，反而經常會闖入我們的腦海裏打擾我們對上帝的專注。不過，作者同時關注的是人的罪性的問題，一旦人以為可以從自身的認知能力出發去掌握有關上帝的知識，人往往就會變得驕傲和虛榮，但這正是與上帝相遇最大的障礙。作者很明白，人有各種思念是很自然的事。然而，如果我們縱容及偏執各種思念，以致故意留駐甚至陷溺在其中的話，就容易陷於罪惡當中。因此，擱置在「坐忘之雲」裏其實也是一種防止陷溺和偏執的舉動。[三] 這跟上文莊子所講的「黜聰明」和「去知」有點相近，基督徒在靜觀中同樣要經過「黜聰明」和「去知」之途，同樣要經過「無知」的洗禮，才能「同於大通」而得著「真知」，才能與上帝的道相契合。

分心或分神也許是現代人追求靈性生命最大的障礙。故此，靜觀的靈性操練尤其需要學習專注，作者所講的固然是對上帝的專注，這種專注乃源於對上帝忠貞和專一的愛慕，全神貫注專心渴慕與上帝同在成為心靈惟一在乎的事。既然原來忘記可以是通往專注的路徑，忘記本身不是目的，忘記乃是為了專注，儘可能忘掉其他一切事物，使心思意念不為任何外物所纏累，惟獨讓上帝佔據，讓上帝被專注。

現代人經常陷於思緒凌亂和心神彷彿的狀態之中，專注又如何可能？原來忘記可以是通往專注的路徑，忘記本身不是目的，忘記乃是為了專注，儘可能忘掉其他一切事物，使心思意念不為任何外物所纏累，惟獨讓上帝佔據，讓上帝被專注。〔四〕這一點又似乎跟「不知其所持，而不可持者也」的靈台心有點相似。

《不知之雲》的作者甚至建議在靜觀時，不僅將所有思念（包括好的思念）丟入「坐忘之雲」裏，最好就是把一切受造物和已做未做的一切事工（包括有價值的善工）全部都擱置在「坐忘之雲」底下，意思是要對任何受造物和事工都不在意，放下對一切受造物和事工的牽掛，停止在一切受造物和事工裏索取自我的滿足，而只讓心靈單單專注和安息於上帝臨在的意識裏，靜觀生活就是要忘掉一切，放下一切，專心一意地愛上帝，同時享受被上帝所愛。

作者以馬大和馬利亞的故事為例（參路十 38～42），指出馬大為要款待耶穌而忙於工作，以致心裏忙亂、思慮煩擾。反觀馬利亞被耶穌的愛和美善深深地吸引著，她一直留在耶穌跟前，渴慕主，全神貫注地聆聽主的道，以致她不在意周遭發生的一切事情，把一切應該要做的工作都忘記得一乾二淨。馬利亞「坐」在主前聽道而「忘」記工作與行動，也「忘」掉了肉身的飲食需要，是否也可視為莊子所講的「墮肢體」和「離形」的舉動呢？馬大代表的是現代社會文化崇尚的一種積極工作的生活態度，馬利亞代表的卻是真正靜觀的生活，前者不能明白後者，以為不務正業，游手好閒，甚至表現出抱怨的態度也不足為奇，這正好反映了現代社會文化過於執著行動的重要性。反觀耶穌沒有怪責馬大做錯，顯示耶穌並沒有過於執著形軀的靜止抑或行動，雖然如此，祂卻仍肯定了馬利亞已經選擇那上好的福分，做了一件必不可少的事情，畢竟馬利亞已經不受形軀的束縛而在靈性上駐足於上帝的道當中。〔五〕

在真正的靜觀生活中，由於要專注上帝而必須忘掉上帝以外的一切，這要忘掉的一切也包括任何個別的人，無論是個別的家人、朋友、外人或敵人，也要被擱置在「坐忘之雲」底下，表面看來，這好像顯得有點冷漠無情。然而，結果剛好相反。當我們將任何個別的人擱置在「坐忘之雲」裏而專注上帝的愛的時候，反而因此忘記了由個人好惡和倫理親疏而來的差別，以致一旦在靜觀裏被上帝的愛激動而作出愛人的行動的時候，反而會一視同仁地覺得任何人都同樣地可愛。〔六〕

由此也聯想到莊子關於「心齋」的思想，其實他的坐忘論要跟「心齋」一併去理解。「虛者，心齋也。」」（《人間世》）「心齋」就是「虛靜」，是通往將「有」與「無」統一起來的道體的中介，是心靈中知情意三者渾然為一的生命統覺，是心神內斂凝聚歸一的專注狀態，而「坐忘」則有助於「心齋」的體現。當中不但要經歷「去知」，也要經歷「無情」，莊子所講的「無情」，主要是指到不要因為生死得失之心而帶來情感的放縱或束縛，由此情感才能昇華而呈現率性自然的生命真情，因此莊子最終仍是有情。雖然跟上述《不知之雲》所講的內容不盡相同，但相似之處，就是兩者都講無情之情。

莊子在「心齋」與「坐忘」中講「離形去知」、講「無情」，最後無非是要對「認知我」和「形軀我」作出否定。上文已經提過，莊子提出「黜聰明」和「去知」的想法，其實是要促使人去忘記「認知我」。此外，也由於常人往往誤將自身的形軀等同為自我，一方面便容易自繫和陷溺於形軀生滅變化的障執之中，另一方面又會容易執著以形軀作為界線的自我與非我的區別，於是莊子要提出破生死執及通人我的齊物論來達致忘記「形軀我」。總而言之，莊子可謂主張忘我、無我，但最終目的其實是要建立真我，是一個超越是非、主客、能所、生死、人我而能「同於大通」的真我。由此可見，莊子所提出的無知之知和無情之情，為的仍是要建立無我之我。

在《不知之雲》裏，作者同樣主張要忘我、無我，但進路明顯與莊子不同，整個想法是以上帝為中心和起點的。由於強調要忘掉上帝以外的一切，這個「一切」當然也包括將自我亦要擱置在「坐忘之雲」底下，在靜觀中專注上帝，必須包括放下自我意識這種忘我的舉動，何況對人世間一切人物事情的認知和經驗，都是深深地紮根於自我認知和經驗之上，因此若要忘掉一切就更不能不忘掉自己。〔七〕忘我首要的目的，不是要建立一超越認知形軀障執的真我主體，而是謙卑地放下自我，專注於那非我的上帝。

《臥虎藏龍》的矛盾人生

電影製作素來就是玩弄時空的夢工場，光影世界若斷若續的人生故事，從來也只不過是將斷裂的時空片段剪接而成的假象。在電影裏，我們最多只能看到真實人生的折射，惟有走出光影世界，回到真實的時間和空間中存在，也許才能親嘗實實在在地活過的滋味。

李慕白何嘗不是這樣，李安執導的《臥虎藏龍》的故事，就是開始於他的閉關出世與出關入世的選擇。當俞秀蓮還因為日常工作忙碌靜不下來，而羨慕他能在幽靜的山上閉關修煉，過著出世的修道生活之際，李慕白卻向她表明破戒提早出關的理由。原來當他將自己關閉在深幽的寂靜之中，竟然感到時間空間並不存在。本來這種超越時空限制的出神狀態，應該是很多人嚮往的得道境界，不過他卻感覺不到一點兒得道的喜樂，反而被一種寂滅的悲哀環繞著，這種悲哀甚至超過了他能承受的極限，雖然在幽靜之中，卻不能入定，感受不到生命的輕省，也不能在此得到安息，因為他的心始終定不下來，心裏總有放不下來的事。《臥虎藏龍》的故事以李慕白不能定下來的心開始，到最後卻以他不能定下來守住的一口氣來結束，同時也以此來終結他的人生。

令李慕白不能定下來，心裏放不下的，始終是人與人之間糾纏不清的恩怨情仇，他放不下殺師之仇未報的怨恨，更放不下多年來壓抑在心裏對俞秀蓮的愛情。李慕白的出關棄劍行動，本來一心是想做到既入世又出世的。出關意味著不再做愛情的逃兵，要徹底解決生命中還未完成的愛情大事；棄劍則象徵著離開恩怨，退出江湖。他本來可以自己將青冥劍直接送到貝勒爺手中，卻特意委託俞秀蓮代行，無非是向她有所暗示。然而，當俞秀蓮追問他：「離開（恩怨），之後呢？」可惜他仍是欲語還休，最終還是將那份情感壓抑和掩藏下來。當然壓抑感情的又不只李慕白一人，俞秀蓮何嘗不是，因為他們是同一類人，在江湖上講信義、重氣節、念恩情，俞秀蓮先夫既然有恩於李慕白，他們更不能隨便逾越中國傳統禮教和道德規範對兒女私情的約束。不過壓抑始終不能掩蓋強烈的感情，直到李慕白身中殺師仇人碧眼狐狸的毒針，生死懸於一線之時，俞秀蓮叫他守住一口氣來保命，別浪費在她身上，李慕白卻用這口氣向她表白了一生最坦率、最浪漫的遺言：「我已經浪費了一生，我要用這口氣說，我一直深愛著你，愛使我不會成為永遠的孤魂。」難怪俞秀蓮最後給玉嬌龍的忠告是：無論此生有何決定，最重要的一定是真誠地對待自己。李慕白在臨死前，既無意中殺了碧眼狐狸，又能在至愛懷中表白真情，可算完成他人生未了之事，死而無憾。

畢竟在變化莫測的時空世界裏面存在，生命是不可能如死寂般定下來的；畢竟生活於滾滾紅塵之中，心裏亦難免有所牽掛，會被激動，一顆常被紛擾侵襲的心是很難靜下來的。對擁有血肉之軀的平凡眾生來說，世外桃源或仙境世界始終是虛的，惟有在地的（local）、特定時間的、物質的才是真實的世界，凡夫俗子在變化多端的世途中定不下來，也許就是人間實相。然而，出關入世的李慕白，卻又不是一般只會追逐物慾名利、營營役役終其一生的凡夫俗子，他似乎仿傚了陶淵明，一心想過著結廬在人境卻心遠地自偏的生活，肉身入世，心靈閉關，動中有靜，無為而無不為。李慕白對俞秀蓮所說的一番情話：「把手握緊，裏面甚麼東西都沒有；把手鬆開，則擁有一切。」這不止是他的愛情觀，同時也是他整體人生態度的告白。

只有剛來到這個世界的孩童才會天真無邪、質樸自然。不過江湖就是一個大染缸，一塊待琢的璞玉，一旦流落江湖，質樸的生命就會不斷被雕琢、被塑造、被磨練、被習染。故此，人性從來就不會只有單一色調、鐵板一塊，江湖的閱歷愈深，人性就愈來愈複雜、世故、造作、矯飾、偽裝和隱藏。事實上世界本身就是立體的、多元的、複雜的，人生的道路本來就是崎嶇不平，人生本來就充滿了矛盾和張力。李慕白的人生和性格如是，玉嬌龍的如是，俞秀蓮的如是，羅小虎的如是，甚至碧眼狐狸的亦如是。只不過李慕白的生命，可能比其他人較能重拾童真的質樸自然而已。

在友情和師徒的情誼上，李慕白明顯表現得光明磊落、有信有義、恩怨分明。不過在愛情方面，他卻表現得比較壓抑、節制、含蓄和隱藏，甚至會被人批評為軟弱和迂腐，背負太重的道德包袱，儒家味道太重，不能放下執著，一生被沉重的愛情壓著，活得透不過氣來。他在愛情路上表現得如此拖泥帶水，實在累己累人，跟他仗劍輕盈飛躍於波平如鏡的水面，以及在竹林中比武時那種如行雲流水般的舞蹈動作所塑造的洒灑俠士形象，判若兩人。不過他灑脱的俠士形象又實在不是偽裝，在事業和人生態度上，李慕白的確擁有很強的道家式隱逸無為的性格。本來陪伴他一生闖蕩江湖的青冥寶劍，無堅不摧，也是他的功名成就的重要象徵，但李慕白對失去的青冥劍可以完全不在乎，因為在他的眼中，青冥寶劍是虛名，武當宗派是虛名，鼎鼎大名的武當大俠李慕白也是虛名，他能放下人世間對功名成就的執著和追逐，逍遙物外，真能做到笑傲江湖，遊戲人間。

不少人可能會認為，相比於李慕白，似乎玉嬌龍才是電影中最流露真性情的人物角色，她雖然有點刁蠻任性，卻擁有自由灑脱、率性自然的性格，當然這種印象，主要來自她在感情路上那種我行我素和敢愛敢恨的表現。玉嬌龍跟自小在沙漠中找尋天上流星的孤兒羅小虎相遇邂逅，為了被奪去的一把梳子，她不惜孤身一人，深入異域沙漠不毛之地，甚至獨闖山賊之虎穴龍潭，兩人你追我逐，打情罵肖，孤男寡女更在山洞之內共赴巫山一夜情。後來羅小虎為了愛情，亦不惜離開他在沙漠自由自在的追星生活，千里迢迢來到京城找尋玉嬌龍的下落。如此淒美、浪漫、激情的橋段，豈不就是最典型的現代版愛情故事麼？況且這種類型化了的典型現代愛情故事，往往背後也有一種類型化了的典型詮釋，一概認為擁有這樣橋段的愛情就是真愛情，擁有這樣敢愛敢恨的行為就是率性而為的真性情表現，擁有這樣我行我素的性格就是夠自由、夠灑脱。

在上述的視角和詮釋主導底下，李慕白的愛情觀和表現就必然被視為保守、迂腐、軟弱和拖泥帶水。然而，為何不可以説李慕白其實是在理性與感情、平淡與強烈、約束與放縱、隱藏與外露、平靜與躍動、執著與放手，以及等待與尋覓的張力之間，經驗愛情的耐力和深度？如果羅小虎和玉嬌龍的激情關係可以算是轟轟烈烈的真愛情，為何偏偏李慕白和俞秀蓮流露在含蓄的眼神和欲語還休的沉默中的愛意，就必然是軟弱和迂腐？為何恆久忍耐、永不止息的愛情不是更加經得起考驗的真愛？事實上玉嬌龍對羅小虎的愛是有點輕浮的，她的愛情來得快，但也去得快，她的心是定不下來的，在她心裏，除了羅小虎之外，還有李慕白，因此當目睹李慕白死在俞秀蓮懷中的時候，她的心是碎裂的，失去李慕白，玉嬌龍的生命注定是不完整的，這是她最大的痛苦，以致她最後選擇從山上一躍而下，因為這是傳説所應許惟一能夠如願以償的方法。

玉嬌龍和碧眼狐狸又是一對很有趣的組合。碧眼狐狸在江湖上殺人無數，而且往往喜歡用毒針暗箭傷人，明顯是惡毒的人，亦是江湖敗類，不過這大惡人卻竟然多年來隱藏於官府之家，甚至成為玉嬌龍的師傅。雖然她生性邪惡，但對玉嬌龍的感情卻是真的，在她孤獨的人生中，認定惟有玉嬌龍是她的至親，因此當她發現玉嬌龍對她不忠的時候，最深的愛便變成最恨的仇。反觀玉嬌龍，表面看來，她擁有率性自然的真性情，但正正就是這種自我任性、任意妄為的性格成為她人性上的致命傷，原來她八歲開始就懂得攻於心計，為自己謀算，碧眼狐狸最多也只是隱藏身分，玉嬌龍隱藏的卻是人性。怪不得李慕白一早看透她的心性需要約束，於是一直想收她為徒，以他的劍道（同時也是治人之道）去點化她的生命，以免她將來成為一條毒龍。

江湖是動盪的，人生是矛盾的，人性是複雜的，正如電影中的對白：「江湖上臥虎藏龍，人心何嘗不是；刀劍裏藏凶，人心何嘗不是。」李慕白說要約束心性，聖經也如此說：「你要保守你心，勝過保守一切，因為一生的果效是由心發出。」（箴四23）

註釋：

莊子逍遙遊的閑適境界

〔一〕參牟宗三：《才性與玄理》（台北：台灣學生書局，1993），頁206。

〔二〕王邦雄：《修真——莊子的生命本質》（海口：海南出版社，2008），頁168。

〔三〕王邦雄不贊同大鵬怒飛是有待於風這種講法，他反而認為大鵬怒飛正要體現逍遙遨遊的境界，故是〈逍遙遊〉的主題寓言。參王邦雄：《修真——莊子的生命本質》，第六講。

〔四〕王邦雄更認為，因為莊子說列子「旬有五日而後反」，所以他的御風飛行最終也只是兜兜轉轉，原地踏步，徒勞無功！參王邦雄：《修真——莊子的生命本質》，頁174~175。

〔五〕徐復觀：《中國藝術精神》（台北：台灣學生書局，1979），頁64。

《大宗師》與《不知之雲》的坐忘

〔一〕參《不知之雲》，鄭聖沖譯（台中：光啟出版社，1970），頁25。

〔二〕參《不知之雲》，頁23~24。

〔三〕參《不知之雲》，頁27~39。

〔四〕參《不知之雲》，頁16~18。

〔五〕參《不知之雲》，頁25~26，32~36，42~65。

〔六〕參《不知之雲》，頁66~70。

〔七〕參《不知之雲》，頁104~108。

柒

禪意・靜默

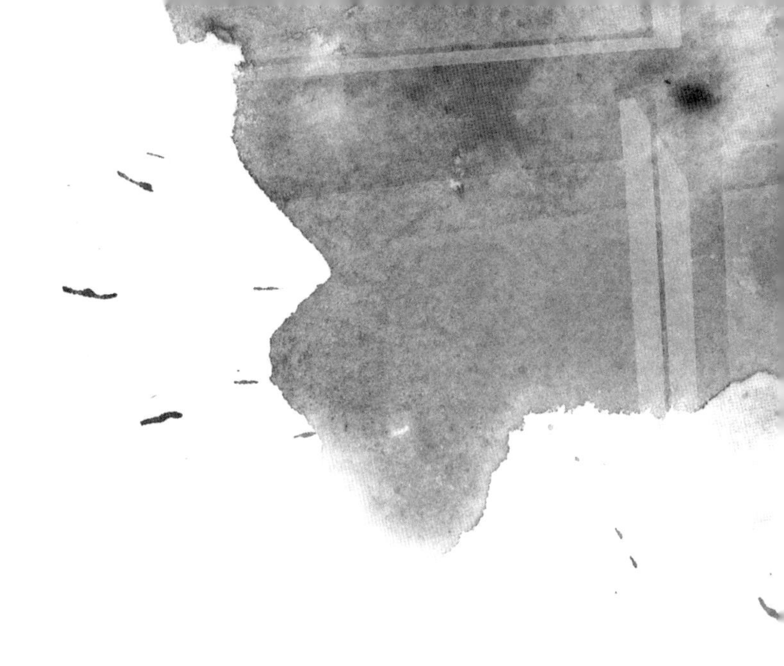

如果上帝的言說成就了創造萬物的工作，上帝的靜默則保育著萬物要歸回安息的本性。

閑靜自在悟菩提：禪宗的靜修與頓悟

禪與靜思

從中國傳統文化的角度而言，「閑適」自然牽涉一種歸於平靜、自由自在的生命情調和人生境界，在儒、釋、道三家之中，尤以道家和佛家表現得較明顯，道家選擇以藝術之型態來體現生命無為、虛靜與逍遙的閑適境界；佛家則以宗教之型態來體現，在中國佛教三宗（即天台宗、華嚴宗、禪宗）之中，尤以禪宗表現得較明顯，它既傳承了佛家的思想，又帶點道家虛靜逍遙的味道。「禪」的梵文是 *dhyāna*，有安住一心，靜慮思考的意思，故禪宗是以靜思和冥想作為超度的法門。〔一〕

漸修漸悟

勞思光認為，若論禪宗，首先需要明白「禪定」與「禪悟」的分別與關係，

「禪定」乃關乎鍛煉意志及使心靈歸於平和清淨之修持工夫；「禪悟」則不執著於外在的修持工夫，最重要的是「悟」或所謂「見性」。〔二〕而「禪定」與「禪悟」的討論，也跟禪學思想史上所謂的「南頓北漸」之說有關，禪宗自達摩祖師傳至五祖弘忍之後，分為南北兩派，南派的慧能主張頓悟；北派的神秀則主張漸修漸悟。

根據禪宗留傳下來的故事，據聞五祖弘忍因年事已高，便打算將衣缽傳給門下弟子，但為了測試何人合適繼任，於是便吩咐弟子們各自作一偈子，看誰悟性更高，更具備佛性。在當時眾弟子的心目中，神秀大師是繼任六祖的理想人選，因此無人作偈，神秀亦知道眾人的想法，但他心想，如果作了偈子，別人豈不是會覺得他貪圖繼承六祖之位，這豈不是跟世俗人受虛名污染的心沒有分別。掙扎了一段時間，他最終決定寫一偈子表明自己的心迹，以下是神秀的偈子：

> 身是菩提樹，心如明鏡台，時時勤拂拭，勿使惹塵埃。

神秀想藉此偈子，表明自己的心猶如明鏡台一樣純淨，不受虛名權勢等世俗慾念的污染，但如何使心靈不受塵埃污染並能經常保持於清淨的狀態？這就有賴於「時時勤拂拭」的工夫了，當中「時時勤」三字尤其重要，表示「拂拭」並非一蹴即就或偶然為之的工夫，而是長期持續不斷的修持鍛煉。如此說來，就關連到北派神秀一系重視「禪定」和「漸修漸悟」的主張。神秀弟子張說這樣描述神秀一系「禪定」的工夫論：「其開〔示禪〕法大略，則專念以息想，極力以攝心。」〔三〕「息想」和「攝心」往往就是一種透過長時間「坐禪」的方法，讓充滿煩惱的污染心安靜下來，在坐禪期間，會要求坐禪者杜絕一切由分別意識而來的執著，不因受讚賞而沾沾自喜，也不因受批評而苦惱怨懟，心體離念，不執名相，如此漸入的拂拭修持，便能使清淨心逐漸顯露出來，覺悟佛性智慧。〔四〕

頓悟見性

有一天慧能聽到神秀「身是菩提樹」的偈子之後，便在心裏頭浮現了自己一首偈子作為回應：

菩提本無樹，明鏡亦非台，本來無一物，何處惹塵埃。

弘忍大師發覺慧能的偈子反映他能真正參悟般若智慧，滿心高興終於找到適合的衣缽傳人。但弘忍故意表現出漫不經心的樣子，並且將慧能用文字寫下來的偈子擦去，向眾人說這偈子也沒有甚麼大不了，吩咐眾人各自回去，做自己當做的事。〔五〕弘忍大師出人意表的行動，恰好是慧能偈子最好的呼應，文字符號本來也只不過是指向月亮的手指，既然「本來無一物」，何不干脆把一切忘掉，忘掉就能去除分別心的執著。

神秀將身體比喻為菩提樹，將心靈比喻為明鏡台，對他而言，身體和心靈仍是一經驗理性可以辨識的對象物，吳汝鈞的評論指出，神秀的問題是將主體性對象化，將心體推向外邊，使心體從生命中分裂出來，成為一可經驗的現象或對象物，並且對待此一外在化的心體如對待一般對象物那樣要「時時勤拂拭」。〔六〕

慧能「菩提本無樹」的偈子，正是針對神秀上述的問題而來。然而，按經驗說，明明是物，卻說「本來無一物」，如何可能？其實可從慧能提出的「無念」、「無相」和「無住」三個觀念來理解，慧能曰：

善知識，我此法門，從上以來，先立無念為宗，無相為體，無住為本。無相者，於相而離相；無念者，於念而無念；無住者，人之本性。（《六祖壇經》〈定慧品〉）

要詮釋這段說話，最好先由「無住」，即人之本性講起。「性」（如「自性」、「本性」等）是《六祖壇經》的核心觀念，「本性」乃指人本來具備的般若智慧。「無住」的意思是指到主體不受現象世界的束縛，心體不執著於一切的外在對象，保持主體處於自由無礙的狀態，這本來是人之本性。

然而，如何保存主體此一本性？這就關乎「無念」、「無相」的實踐。首先看看慧能怎樣講「無念」：

念念之中，不思前境。若前念、今念、後念，念念相續不斷，名為繫縛。於諸法上念念不住，即無縛也，此是以無住為本。（《六祖壇經》〈定慧品〉）

於諸境上，心不染，曰無念。於自念上，常離諸境，不於境上生心。若只百物不思，念盡除卻，一念絕即死，別處受生，是為大錯，學道者思之。

（《六祖壇經》〈定慧品〉）

「無念」的意思絕不是叫我們杜絕一切思念，空白一片，假如真的這樣做，反成大錯，只因人非木石，豈能全無心思意念，空白一片？故此人有思想或念頭，本來就是自然尋常之事，問題只在於念頭生起之後，我們是否總是把前念死執不放，以致前念、今念及將要來的後念不斷累積糾纏於心中，成為束縛我們的煩惱。因此，「無念」的實踐就是既不杜絕，又不粘滯執著，不要在現象世界的對象上生出一種執著的心，這就是「於念而無念」，要「於諸境上心不染」，心體只要順應念頭自然地隨生隨滅，思念一旦生起，大可打個照面，不過隨即就應把它忘記，「於諸境上心不染」就是切勿對諸境念念不忘。

至於「無相」，慧能則有這樣的描述：「外離一切相，名為無相。能離於相，即法體清淨，此是以無相為體。」（《六祖壇經》〈定慧品〉）「無相」同樣並非要否定現象世界萬物的形相，以為世間萬物只是一場夢境或幻覺而已。

慧能並非要說菩提樹的形相只是幻覺，他只是說菩提樹的形相並無一常在不變的獨立實在性，菩提樹的形相只是呈現在我們各人主觀的感官經驗之上的形相而已，總會隨著外在條件轉變而變化不定。因此，我們無須執著於外在現象世界萬物的形相，一旦執著形相，就會受形相之束縛和限制，心就煩亂。從正面講，清淨本性，本無形相，因此若能「於相而離相」，就能見「無住」之本性。〔七〕

由此可見，慧能所說的「本來無一物」，必須扣著上述「三無」的觀念來理解，也可以用吳汝鈞下面一段說話作為慧能「菩提本無樹」那偈子的總結：「主體性與萬法是處於同時生起、同時寂滅的關係。主體性無需取著這世間的萬法，亦無用刻意的捨棄這世間的萬法，只是與其俱起，與其俱寂。」〔八〕讓主體性與萬法經常同生同滅，則自然能夠保存「無住」的清淨心，因此慧能說：「何處惹塵埃。」

既然如此，又何用「時時勤拂拭」？又何必執著於刻意要倚靠禪定漸修的方法來參禪呢？事實上，坐臥本身也根本只是一種表現於形軀之形相，一旦執著要以此靜修方法入定才能漸悟，反而是執迷不悟，可能會離智慧更遠。對慧能來說，般若智慧不是一種客觀的對象性知識，它根本不在心外，故無須執著於外在之修持工夫，反而要回歸自性，因般若智慧就在自性之內，〔九〕佛性本為主體所有，故只要一念悟，一見性，就可成佛，執迷不悟，則仍是煩惱眾生。

慧能的思想固然是要強調「禪悟」的重要性，但他也並非完全否定實踐的重要，他如此說：「定慧一體，不是二。定是慧體，慧是定用。」（《六祖壇經》〈定慧品〉）慧能明顯以體用互不相離的關係來言說定慧之一體不二，主體一旦覺悟或見性，就能由覺悟所見的智慧而顯出收斂意志的實踐作用或功能。慧能固然同意不能有體無用，不可能有智慧而無實踐；不過他似乎最想強調的還是體，是主體當下能悟自性的自覺境界，對他而言，永遠不可能離開體而外在於體地講用。

平常心是道

慧能所開創的禪宗南派，當中代表南派的「頓悟」主張，經過南嶽懷讓與馬祖道一一系的詮釋，帶來了更徹底的「即心即佛」和「平常心是道」這些思想的發展。

相傳馬祖的道一禪師在衡山山坡上的一塊巨石坐禪靜修。有一天，懷讓大師來到道一身旁，問他為何總是整天不動地坐在巨石之上？馬祖道一回答他坐禪為的是悟道成佛，懷讓大師一言不發，只隨意在地上拾起一塊磚頭，不停地在道一身邊磨了起來，磨磚的聲音干擾了道一的坐禪靜修，使他無法專注，他便有點不耐煩地問懷讓為何磨磚？懷讓竟然回答要把磚頭磨成明鏡，道一自然譏笑懷讓荒誕的行徑。懷讓大師跟著便把磚頭扔掉，然後漫不經心地指出，磨磚既然不能成鏡，坐禪又豈能成佛！懷讓大師的說話對道一來說，猶如當頭棒喝。就在這時，剛巧有一老者駕著牛車經過，懷讓大師便乘機問道一，老者若要牛車前進，他應該用手中的鞭來打牛還是打車呢？懷讓大師其實要讓道一明白，整天不動地打坐，究竟是為了坐禪？抑或為了成佛？若是為了坐禪修持，修持其實不拘形式，坐臥皆可；若是為了成佛，佛更不拘形相。道一終於就在頃刻之間有所頓悟，成佛的關鍵不在乎長時間的修持工夫及其形式，卻在於當下一刻的明心見性。〔十〕

上文提過慧能「定慧不二」的體用觀，由馬祖道一發揮得更加徹底，他基本上是主張「全體是用」和「全用是體」的講法。若從「全體是用」來說，即一切佛性都會外顯為行動或行為而成就實踐的作用或功能；從「全用是體」來說，則一切行動實踐的作用都反映佛性，即是說不論善行抑或惡行皆反映佛性，〔十一〕跟神秀將污染心和清淨心作二元區分的想法完全不同，換言之，馬祖道一可說是更徹底地連對善惡的分別意識也不執取。如此說來，就不但「體外無用」，同時也「用外無體」。

「體外無用」再講下去，自然就是「即心即佛」。至於「用外無體」，再發展下去，就自然成就了「平常心是道」，何謂「平常心是道」？馬祖道一如此說：

道不用修，但莫污染。何為污染？但有生死心，造作趨向，皆是污染。若欲直會其道，平常心是道。何謂平常心？無造作、無是非、無取捨、無斷常、無凡無聖……只如今行住坐臥，應機接物，盡是道。〔十二〕

因此，「平常心」就是不再執著一切的造作和分別，日常生活一切事物，沒有甚麼不是道，日常生活一切行為表現，無論行住坐臥，工作遊戲，都能從中體悟佛法，又何須執著於一定要倚賴坐禪入定這類靜修方法來參禪呢？

不要死執著現象世界的形相和方式，以致僵化固守，受束縛而失去自由，所以無論用甚麼方式也好，最重要的就是能夠體現生命自由無礙的主體性。

三昧與遊戲

從「平常心是道」出發，固然禪悟就是發生在擔水砍柴、行住坐臥的日常生活之中。不過如果落到另一極端，認為坐禪靜修必然跟「平常心是道」互相對立，因而堅持「道不用修」，其實可能已經是再次陷入另一種二元區別的執著了！故此，真正的「平常心」，應該連「靜」與「動」、「漸」與「頓」、「定」與「悟」的區別也要消除。其實由「本來無一物」到「平常心是道」，禪宗最重要的精神只是提醒我們，不要死執著現象世界的形相和方式，以致僵化固守，受束縛而失去自由，所以無論用甚麼方式也好，最重要的就是能夠體現生命自由無礙的主體性。基於此，最後帶出「遊戲三昧」這種講法，作為本文的總結。

「三昧」原是婆羅門教瑜珈修行的最高境界，主要透過靜修打坐來鍛煉意志，排除雜念，使心神安定專注，達到澄明寂靜的境界，所以在禪宗當中，很多時「三昧」和「禪定」差不多是同義詞。「遊戲」就是要破除一切的執著，體現生命自由無礙的主體性，所以不但不要執著「禪定」的修持方式，同時也不應退隱於不吃人間煙火的彼岸世界成佛。表面看來，「三昧」與「遊戲」的意思似乎對立，其實不然，在禪宗裏，「遊戲三昧」原來可以放在一起來理解，慧開禪師曾說過這樣的話：「逢佛殺佛，逢祖殺祖，於生死岸頭，得大自在，向六道四生中，遊戲三昧。」（《無門關》大正48.293）佛正是要在「六道四生」（即輪迴的塵俗世間）普渡眾生。甚至用慧開大師更激進「逢佛殺佛，逢祖殺祖」的說法來表示無執的自由，最大的破執竟然是透過殺佛來體現佛性。然而，真正的自由自在、無滯無礙，不但不與「三昧」對立，更應以其所重視的心神安定專注與澄明寂靜作為基礎，才能真正不帶妄念機心、悠然自得地遊戲人間；或者以「三昧」──心正神定、澄明專注的心境和定力遊戲人間，在俗世凡塵中自由無礙地運用種種方便法門，應機妙用，以轉化眾生生命。如慧能所言：「……見性之人，立亦得，不立亦得，去來自由，無滯無礙，應用隨作，應語隨答，普見化身，不離自性，即得自在神通遊戲三昧，是名見性。」（《六祖壇經》〈頓漸品〉）

言說與靜默：
創世記與梅頓著作的靈閱札記

聖經既是神言又是人言，它是在聖靈的感動和默示底下，用人言來見證上帝「言說」（speech）的書寫文本（written text）。記載於聖經裏的第一句「言說」，就是上帝之言，「上帝說：要有光。」（創一3）而跟著整個創造的過程，都離不開上帝的言說而進行（參創一3～31）。

聖經，以上帝的言說來開始。上帝的言說，先於世上的一切，這個「先於」的意思，最重要的並非指時間上的「先於」，而是本體上的「先於」，即是說，由於上帝是藉著祂的說話來創造世界，於是上帝的言說成為世界萬物的本體或存在基礎，沒有它，世界萬物不可能存在。就此講法，約翰福音提供了清晰的說明：「太初有道（Word）……這道太初與上帝同在。萬物是藉著他造的；凡被造的，沒有一樣不是藉著他造的。生命在他裏頭……」（約一1～4）

對世界而言，上帝的言說除了有本體論（ontology）的意義之外，同時也有

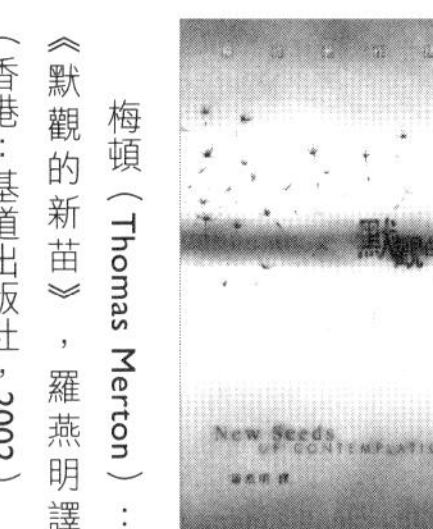

梅頓（Thomas Merton）：《默觀的新苗》，羅燕明譯（香港：基道出版社，2002）

實踐上的意義，上帝用說話創造，表明了說話本身就是行動（speech-act），言行沒有分開，存在與行動（being and act）不能分割，言說行動就是實踐，因此信仰不可能不重視實踐。

除此之外，上帝之言同時亦決定了世界萬物存在的方式，上帝藉著說話，使每一天的創造都各從其類，世上沒有兩類完全一樣的受造物，也沒有兩個完全相同的個體。上帝的道在每一受造物身上留下了尊貴的印記，其尊貴在於每一受造物都是世上惟一的，無可較量，只要做回自己，彰顯自己受造的獨特性，同時萬物之間又應該尊重彼此的差異，互相欣賞各自獨特的地方，就能歸榮耀予上帝。如梅頓（Thomas Merton）所說：

> 每一個獨特的生命以自己的獨特性、自己具體的本質和實體、自己所有的特徵和獨有品質，以及不可侵犯的身分，在神的愛和祂無窮的天工所命定的環境中，絲毫不差地做著此時此地神想它做的自己，從而歸榮耀給神。〔一〕

上帝之言，固然賦予萬物各自的獨特性，不過同時也將每一天獨特的創造和諧地連成一體，構成同一個世界。如此說來，上帝藉著道去創造的過程，就是多元邁向合一的過程，既藉著道而呈現世界的多元性，又藉著道在終末的時候使多元的世界同歸於一（參弗一10）。

由第一至第六天，上帝固然用說話創造世界，而且祂「說有就有，命立就立」，完全體現了創造主絕對的主權，表現了上帝之言有決定及宰制萬有的能力；然而，上帝卻在第七天「歇了祂一切的工」，停止了透過說話來創世的行動，放下了用言說來宰制萬有的權能，進入安息。這意味著在安息的聖日裏，在放下工作停止言說行動的日子裏，上帝不再言說，安息的聖日就是上帝靜默的日子，彷彿上帝從世界上隱退下來，上帝竟然透過停止言說行動的安息靜默來完成整個創造的工作。如此說來，上帝的創造原來包含了「言說行動」和「靜默安息」這種「顯—隱」的二重性結構。

在創世記二章，聖經開始出現人的言說，上帝將言說的能力和自由賦予人，使亞當可以自由地為世上一切飛禽走獸命名（參創二19～20）。從此，人的言說成為人認識世界萬物及創建文化的媒介。從命名的行動中，亦反映了人和一切飛禽走獸之間的關係，正是一種管理者與被管理者的關係，也是一種從言說中被建構出來的倫理關係。命名之後，聖經繼續如此說：「只是那人沒有遇見配偶幫助他。」（創二20）這些飛禽走獸固然不能成為他的配偶，他更覺得需要一位能幫助他的配偶，去管理這一切被命名的受造物，可惜他仍未遇上，亞當依然獨居，感到孤寂。從亞當的孤寂，正好反映了語言還有一種很重要的溝通功能，亞當似乎只可以單向地用語言為飛禽走獸命名，卻不能跟牠們有雙向的溝通。

由此看來，孤單也許是根本的人性；孤獨的人，儘管有命名的語言能力，卻苦無可以溝通對話的伴侶，他最多也只能自說自話。誠然，孤寂是人性的一部分，人只可獨自走完這條人生路，無人能夠代替，理論上亦沒有人比自己更能明白自己的思想、感受和性格。所以我們需要離開人羣過寧靜獨處的生活，需要獨處以面對孤獨的真我；孤寂對每一個人而言，既熟悉又陌生，既想親近又想疏遠。

然而，按聖經所言，孤寂又不是人性的全部，亞當需要配偶，男人加上女人，獨白配合對話和溝通，才能成就圓滿的人性，才算擁有三一上帝的形象。（參創一27，二18）

故意過獨處生活只有一個理由，堅信獨處不但能幫助你愛神，也能幫助你愛其他人……獨處不是，也永不可能是，自我跟自己的自我戀式對話。這種自我默觀企圖將有限的自己建立成無限的，令它永久獨立於所有其他人，結果都是徒勞。〔二〕

我們進到沙漠去，為的不是避開人，而是學習怎樣尋找人；我們離開人，不是為著不要再跟他們有甚麼轇轕，而是要找出給他們最大貢獻的方法。不過這只是次要的目的。涵蓋所有目的者，其實是神的愛。〔三〕

獨處最終是為了成就真愛，為了回到合一的關係裏面，退修獨處，最終還是為了進入人羣，獨處中的靜默最終是為了成就溝通共融的言說。

在亞當的沉睡中，上帝從他身上取下肋骨，造成女人。亞當也有為他的妻子命名，既稱她為夏娃（參創三20），又稱她為「女人」，他又用了一段像詩般優美的説話來為「女人」這名字加上註釋（參創二23～24）。女人的生命從男人而出，原本是男人生命的一部分，她本來屬於男人，但一旦從男人身上被取出來之後，就離開男人，成為跟男人有分別的獨立個體。然而，離開之後，又要重新連合而成一體，不過後來的「一體」跟先前的「一體」已有所不同，二人成為一體中的「一體」是包含「二人」的，在合一中是包含了差異、空間和獨特性的。

亞當那段像詩般優美的言說，道出了男與女的存在關係，道出了按三一上帝形象樣式被造的真正人性。上帝不但藉其說話創造了物質的世界，上帝的言說更為物質世界中的一切，創造了彼此存在的位格性關係，言說所創造的是在存在關係中開顯的人性與物性。言說貫注於萬物當中，被造萬物本來就有言說感通的本性，只要上帝的言說仍然成為一切存在的根本，只要人的言說仍然遵從順應上帝的言說的時候，伊甸園就是天上人間最美麗的樂土和家園。

上帝之言不但使萬物各從其類，也應各安其分，即安於本位或安於其獨特性，這可說是上帝之言所賦予世界的創造秩序。於是，樹有樹的分，鳥獸有鳥獸的分，人也有人的本位或本分。依上帝之言，人的本分就是生養後代、管理大地（參創一28）。更基本的是，人本應就是聆聽上帝之言、遵從上帝命令及回應上帝吩咐的存有（參創二16～17）。誠然，上帝之言以命令（command）的形式，成為世界萬物存在的基礎，更為按照祂形象樣式被造的人之人性和存在，設定了重要的倫理意義（ethical significance）。換言之，人的存在和行動，本應就要回歸和安頓於上帝的言說裏，使「生命在他〔道〕裏頭」，亦由此體現人與上帝，以及人與萬物最契合和諧的倫理關係。

然而，創世記第三章卻將整個故事扭轉過來，女人不再僅僅虛心及被動地聆聽上帝之言，蛇和女人開始主動要用自己的說話去詮釋上帝的說話，人的言說開始流露出其自主的性格（參創三1～5）。可惜，在蛇和女人的詮釋裏，一早已經注入了自己的前設：上帝所下的禁令，全是為了阻止人因為眼睛會變得明亮而結果如上帝般有知道善惡的能力。這種建基於自主的慾望而開展出來對上帝命令的詮釋，自然將上帝本來無條件的定然命令，變為條件性和功能性的理性道德訴求。一旦自主的慾望操控了人的言說，人的言說就不但離開上帝的言說而獨立自存，甚至會曲解和背叛上帝的言說，當人的言說和上帝的言說產生裂痕的時候，罪就是如此出現。

到了創世記八至十章，挪亞一家離開方舟，上帝立彩虹為記，應許不再用洪水毀滅世界，人類亦開始繁衍後代，本來大地呈現一片重新創造的美好風光。可惜跟著是巴別塔故事的出現！「那時，天下人的口音、言語都是一樣……免得我們分散在全地上。」（創十一1～4）昔日，天下人在示拿的平原建立巴別塔；梅頓形容，今日，現代人卻在荒漠建築起可能比巴別塔更差的魔鬼之城。

看看今日的荒漠，它們是甚麼呢？一個新而恐怖的創造在誕生，一個人用來試驗其勢力為破壞上主所祝福的地方。今日是人類自然科學突飛猛進、一日千里的時代。人不再需要上主。他們可以用自己的富源和智慧在沙漠中居住。他可以建設他自己理想中的城堡，目的是為著來試驗，來為所欲為。〔四〕

無論巴別塔也好，抑或梅頓形容在荒漠中的魔鬼之城也好，都徹底反映了人想征服世界、超越一切、為所欲為和離棄上帝的慾望，這是一種要滿足虛榮、自主和驕傲的罪性，也就是亞當和夏娃所犯的罪的翻版。在巴別塔的故事裏，天下人統一了的口音語言，發揮了塔可通天的無窮威力，一套試圖統一天下的人類共通語言，正是人類追求權力慾和成就感的象徵性符號，人的罪性再次透過人的語言暴露出來。

面對人這種自我無限化的罪性，上帝又豈能坐視不理。耶和華說：「看哪，他們成為一樣的人民，都是一樣的言語……我們下去，在那裏變亂他們的口音，使他們的言語彼此不通。」（創十一6~7）同一樣的言語使他們變成同一樣的人民，原來「同一」（或同質）是很可怕的一回事，因為它只承認「一體」，卻否定了「二人」，只高舉大一統的霸權，卻削平了一切的差異，埋沒了個體的獨特性，如此，按三一上帝之言所創造的真正人性和物性就被扭曲了。

上帝不得不下來變亂人的口音言語，使他們語言不通，使人的言說失去了統一的功能，也使人不得不面對人的語言的限制，以及承認原來人的語言可以反過來成為溝通的障礙。既然如此，人便不能不變得沉默不言，也不能不停止建塔的工作，上帝然後為那城命名，稱為「巴別」，就是變亂的意思。如此說來，上帝使語言變得混亂，又未嘗不是對人的語言的一種醫治，更未嘗不是對人的罪性的一種救贖。

上帝變亂人的口音，無非想人學習安靜和沉默。沙漠教父一早已明白靜默的重要性，他們留下了這樣的一段語錄：「據說，三年來，阿加頓教父嘴裏都含著一顆石子，直至他學會沉默。」不要以為沉默是輕而易舉的事情，也許惟有自覺人的語言的罪性和限制，才會停止說話而沉默下來。事實上，上帝最終想人明白語言的界限，人的言說無法超越一切，更不可能通往無限，尤其需要學習停止用人的語言來言說上帝，要人明白超越的上帝是人不可言說的，祂也不是人類表象性思維可以掌握的認知對象。然而，我們又並非完全不能認識上帝，惟有藉著安靜中的祈禱和默觀，隱匿的上帝才會向我們開顯其真實的存在。

默觀，最重要的是，領悟到那源頭的實在。它**認識**那源頭，朦朦朧朧的、無法解釋的，但又帶著一種肯定，既超乎理智，也超越單純信心。事緣默觀是一種屬靈的視野，是理智與信心都自自然然渴望能達到的；因為沒有這種視野，理智與信心就必然永遠停留在不完全的層面。不過，默觀並不是視野，因為它「不看」而見、「不知」而懂。它是更深入的信心、是一種深得不能以圖像、文字，甚或清晰的概念去全面理解的知識……因為我們在默觀之中是藉「不知」而懂得。或許更好的說法是，我們的懂得是**超越**所有的知或「不知」。〔五〕

成功的默想，是超越思維和推理的……在默禱中，一個人不單用腦來思想，或用嘴唇來說話，而是把整個的自己完全投入祈禱中。故此，祈禱不應該是一種「言語的公式」……所有美麗的默禱都是向天主「整個自我投入的對話」。〔六〕

沉默才會產生寧靜，寧靜首先幫助我們更能專注，以致更能深入察覺到人的語言的罪性和限制，於是愈寧靜，愈自覺要放下人的語言，便愈顯得沉默不言，由此靜默便為人開啟了心靈的空間和屬靈的視野，讓我們全神貫注，與上帝相遇。

這豈不也是東正教「息靜修」（*hesychasm*）這靈修傳統的核心精神嗎？梅頓對「息靜修」有這樣的描述：

他們〔按：指沙漠教父〕所追求的「息」，只是一個再也不注視自己那清靈明透、泰然自若的存在，因為它已被它之內的完全的自由所帶走了。帶到哪裏？到愛本身或神聖的神靈認為適合去的地方。因此，「息」應該是指一種無著、無意、無念，完全擺脫一個虛假或有局限性的「我」所佔有的境界。心靈在安於被至極的「空無」所佔有下，奧祕地掌握一切——在不求知它所掌握的是甚麼的無為心態下，掌握一切。在這時，這些教父根本不會關心用任何文字，描述這種憩息的性質。〔七〕

我們現在所稱的默觀祈禱，他們〔按：指沙漠教父〕叫做「息」（*quies*，英譯為 rest）。這個富有啟發的詞語，一直在希臘的隱修傳統中保持著，稱為 ***hesychia***，意思是「甜蜜的回應」。「息」是一種靜默的專注，輔以低聲反覆唸一個聖經單句——其中最常唸的是：「主耶穌基督，天主之子，可憐我這個罪人！」〔八〕

外在環境的噪音固然使我們很難安靜和專注，但最大的紛擾還是來自我們內心的各種憂慮、私慾和罪性，使我們心緒不寧，心神不定。因此，安靜變得非常重要，安靜能幫助我們將紛亂的心安定下來，在靜默中不再讓自己被思緒煩擾，讓心靈專注，不為外物、雜念、妄念所牽累，不再執著於外在境遇變遷所帶來的不安，不再執著於一己的意念和成見，逐漸進入梅頓所講的「無著、無意、無念」

這種無執、忘我、泰然自若的「息」的境界。當然「息靜修」中那種無執和忘我的屬靈操練，主要對付和處理的就是自我的驕傲和虛榮這種根本的罪性的問題。故此，「息靜修」中常唸的「耶穌禱文」，基本上也是針對罪的問題來求主憐憫和赦免。

然而，人不可能只有沉默而沒有言說，言說根本就是人的本性。因此，放下了由人的言說主導一切的霸權的同時，就需要讓上帝之言填滿心靈的空間，聆聽上帝之言，反過來讓神言閱讀和詮釋人言，何況人本應就是聆聽上帝之言、遵從上帝命令的存有。故此，由人言進入寧靜，從靜默再通向神言，讓上帝的道親自向靜默中的人言說，惟有安息於此，才能孕育真正的人性。

一個人不會明白寧靜的真價值，除非他對言語抱著真正尊重的態度：因為言語表達出的真實，將在寧靜中取得證實。換句話說，我們不能在寧靜中找到「真實」的本身，除非先透過言語。〔九〕

正如上文曾言，上帝在六天之內用說話來行動，用說話來建立偉大的創世成就。

到了第七日，上帝卻歇了祂一切的言説行動，安息了，沉默了。如果上帝的言説成就了創造萬物的工作，上帝的靜默則保育著萬物要歸回安息的本性。工作與安息，言説與靜默，相生相成，缺一不可。

註釋：

閑靜自在悟菩提：禪宗的靜修與頓悟

〔一〕參黃復彩：《禪的故事》（北京：中國書籍出版社，2005），頁 12，126。
〔二〕參勞思光：《中國哲學史（第二卷）》（香港：友聯出版社，1986），頁 344~356。
〔三〕《唐玉泉寺大通禪師碑》，引自方立天：《中國佛教哲學要義（下卷）》（北京：中國人民大學出版社，2002），頁 960。
〔四〕參黃復彩：《禪的故事》，頁71；關於神秀一系「漸修漸悟」這主張的解釋，參方立天：《中國佛教哲學要義（下卷）》，頁 959~963。
〔五〕參黃復彩：《禪的故事》，頁 46~49。
〔六〕參吳汝鈞：《中國佛學的現代詮釋》（台北：文津出版社，1998），頁 171。
〔七〕參吳汝鈞：《中國佛學的現代詮釋》，頁 161~173；另參方立天：《中國佛教哲學要義（上卷）》（北京：中國人民大學出版社，2002），頁 405~409。
〔八〕吳汝鈞：《中國佛學的現代詮釋》，頁 172。
〔九〕慧能這裏所講的「自性」，跟佛教教義「緣起性空」所主張的一切法空（即無自性）的意思不同。
〔十〕參黃復彩：《禪的故事》，頁 68~72。
〔十一〕參吳汝鈞：《中國佛學的現代詮釋》，頁 204~212。
〔十二〕《江西馬祖道一禪師語錄》，引自吳汝鈞：《中國佛學的現代詮釋》，頁 213。

言說與靜默：創世記與梅頓著作的靈閱札記

〔一〕梅頓（Thomas Merton）：《默觀的新苗》，羅燕明譯（香港：基道出版社，2002），頁28。
〔二〕梅頓：《默觀的新苗》，頁 48。
〔三〕梅頓：《默觀的新苗》，頁 74。
〔四〕麥純：《沉思》，方瑞英譯（香港：香港公教真理學會，1990），頁 5。
〔五〕梅頓：《默觀的新苗》，頁 1。

〔六〕 麥純：《沉思》，頁29。

〔七〕 麥純編：《沙漠的智慧：取自四世紀沙漠教父語錄》，香港公教真理學會譯（香港：香港公教真理學會出版，1989），頁11~12。

〔八〕 麥純編：《沙漠的智慧》，頁21~22。

〔九〕 麥純：《沉思》，頁84。

捌

安息・終成・自由

如果上帝透過放下工作而得享安息的自由，則我們也應該以同樣的存在方式去獲得自由。

安息日使人得自由：約翰福音五章1至18節

約翰福音五章1至18節所描述的故事，焦點似乎放在耶穌跟法利賽人在安息日這律法上引起的爭端。事實上，在四卷福音書裏也有好幾段耶穌（及其門徒）在安息日工作的記載，好像給人一個印象，祂是一位激進的改革分子，在守安息日的問題上似乎屢次故意挑起衝突，彷彿顛覆猶太人守舊的律法傳統是道成肉身其中一個重要使命。然而，經文沒有明確指出，耶穌刻意藉著醫治的行動來達到顛覆傳統的目的。況且，假如耶穌真的這樣做，又是否合乎安息日誡命的精神呢？何況耶穌曾親口說：「莫想我來要廢掉律法和先知。我來不是要廢掉，乃是要成全。」（太五17）

事實上，引發和主導整件衝突事件的是法利賽人，耶穌是完全被動的，祂甚至刻意迴避和沒有主動讓那痊愈的病人知道祂的身分（參約五13），耶穌只是順著事情自然的發展而作出回應而已。

按照文本記述故事發展的順序，首先描述的是一個躺著許多渴望得醫治的病人的場景，這裏見證著疾病的痛苦對人的折磨，有瞎眼的、有瘸腿的、有血氣枯乾的……這些頑固的疾病使他們喪失了行動自如的能力，他們的肉體遭受疾病的束縛和拘禁，失去自由。不過這班失望的人還存一線希望，他們不斷期待天使攪動池水；對幾乎絕望的人來說，剩下來的也只有盼望神蹟的出現。不過天使所行的神蹟又並非來者不拒、全然恩典，原來是有配額限制及附帶條件的：惟有那些仍保留若干競爭能力、能搶先浸神仙水的才可以得到醫治。

在這羣病人當中，偏偏有一個被疾病折磨了三十八年的人，由於長期病患，欠缺競爭能力，令他每次都與天使的神蹟無緣。病人之間為求自己得醫治而比拚競爭，不會同病相憐，尚能理解。奇怪的是，為何三十八年以來竟然無人向這病人伸出援手？難道這是人類社會冷漠無情的真實寫照？有誰會明白這個長期病患者完全無力、無助、無奈的痛苦？如果耶穌真的刻意以醫治行動作為顛覆律法傳統的手段，他其實可以隨便選擇任何一個病人都能成事。然而，耶穌卻偏偏看見那病了三十八年的人躺著，知道他病了許久（參約五6），耶穌選中這人最簡單的原因，就是出於對這長期病患者的愛和憐憫，耶穌醫治的行動，完全是出於關心那病人福祉這動機，在耶穌心目中，人永遠是目的，不是手段。因著耶穌的憐憫，這病人便立刻經歷耶穌醫治神蹟的大能，而且只要耶穌講一句話，不用付出半分人為的努力，他就立刻痊愈，行動自如，不再遭受疾病的束縛，回復自由，這種自由完全是基於耶穌無條件的愛和恩典所成就的，固然耶穌不但關心那病人肉體的束縛與自由，祂也同時關心那人是否被罪束縛與靈性生命的自由。（參約五14）

可是，因著那被醫好的人能拿起褥子走，這種意味著得自由的象徵性行動，竟然換來一個權力衝突的困局！固然法利賽人要針對的不是那痊愈的病人，而是耶穌；若留意經文的描述，法利賽人也不是直接用醫治的行動來針對耶穌，而是控訴他犯了到處叫人在安息日拿起褥子走的禁令，這樣比起他在安息日偶一為之的工作更加危險。為何拿起褥子走跟安息日不可工作這誡命的爭論有關？原來猶太人將上帝所頒布的安息日不可工作這誡命的範圍作了大規模的擴充，將禁止的工作分為三十九類，其中一類就是禁止從一處地方拿東西到另一處地方，那人拿起褥子走正是犯了這條律法。

對法利賽人來說，守安息日這律法傳統是不可以隨便違背的，既然那人病了三十八年，況且他的生命又並非受到即時的威脅，難道耶穌不能多等一天嗎？法利賽人和耶穌在這件事情的立場上最大的分別正在這裏。對法利賽人來說，當他們在安息日遇上那人，他們首先關注的不是那人的福祉，而是有沒有干犯安息日這律法傳統；由於以律法傳統為先，為了遷就律法，於是自然可能會考慮，為何病了三十八年的人不能多等一天？但對耶穌來說，三十八年的痛苦對一個無助的病人來說實在是受夠了，多等一天也會覺得太長，耶穌出於憐憫之心，最關心的始終是人的生命福祉，人是目的，不是手段，難怪耶穌說：「安息日是為人設立的，人不是為安息日設立的。」（可二27～28）

由此看來，法利賽人對耶穌的控訴是多麼荒謬！其荒謬性在於，安息日本來是上帝為人設立的，其中一個原意是讓人能夠從工作的奴役或束縛中釋放出來，享受人性的自由。正如耶穌在安息日醫治那病了三十八年的人使他行動自由一樣，耶穌的作為其實完全符合安息日原本設立的精神。反觀法利賽人所做的卻本末倒置，對他們來說，明顯人是為安息日設立的。本來安息日的誡命要求不可工作，享受自由，他們卻在安息日這律法上做了很多手腳，人為地添加和擴充了很多規條禁令來約束別人和自己，反而使人在安息日裏失去自由。

更荒謬及諷刺的是，法利賽人為著要控訴耶穌犯了安息日的罪，卻將自己逼進謀殺耶穌的死胡同裏，最終自己犯上「不可殺人」的罪和誡命。根據聖經的記載，他們謀殺耶穌的動機，主要是由於耶穌說：「我父做事直到如今，我也做事」（約五 17），以及祂「稱上帝為他的父，將自己和上帝當作平等。」（約五 18）法利賽人死執他們對宗教傳統的解釋權，不能接受耶穌對自己神性身分的宣稱，對他們來說，若承認耶穌的權柄，就等於要放棄自己的權威。似乎人世間很多的衝突，都離不開對權威慾望的迷戀。然而，耶穌在安息日作出神性身分的宣稱是有需要的，因為要讓人明白祂才是安息日的主，安息日的設立，正是要讓人認識耶穌是世界的創造主，只有創造主才有主宰一切的主權，人若不認識祂的身分，就會好像法利賽人一樣，連上帝所頒布的誡命範圍也可任意擴充，隨便僭奪了上帝主宰一切的主權，取為己用。

然而，這位與上帝同等的主耶穌，道成肉身之後，卻告訴我們，祂在世上憑著自己不能作甚麼，祂所做的一切工作，只是順從父上帝的心意而行（參約五 19、30），當然包括那行在病了三十八年的人身上的神蹟。耶穌在世上的存在和所有的行動，都以虛己順從父上帝作為核心，祂一生順服至死的生命，卻換來世人生命的真正自由。人總是喜歡依靠自己人為的努力去生存，人總是喜歡緊握操控別人和環境的權力，以求獲得安全的感覺。躺在畢士大池邊那些瞎眼的、瘸腿的、血氣枯乾的病人如是，病了三十八年的人如是，法利賽人如是，也許我們每一個人也如是。但耶穌在安息日這天所作的，以及容讓在這天所發生的，卻真正體現了安息日的精神，安息日叫我們停止工作，不要再迷信以為依靠自己人為的努力可以成就人生偉大的工程，人得救在乎恩典，惟有人停止工作，就能見到上帝在工作。也惟有如此放手，如此順服，如此順其自然，如此隨遇而安，才是真正地守安息日的誡命，才能享受安息日帶給人的自由。

莫特曼：安息是創造的完成

莫特曼（Jürgen Moltmann, 1926~），當代知名神學家，生於德國漢堡（Hamburg），曾在布萊梅（Bremen）附近的農村牧會，後於圖賓根大學（University of Tübingen）任教。主要著作有《盼望神學》（1964）、《被釘十字架的上帝》（1972）、《創造中的上帝》（1985）等，一九九九年憑《來臨中的上帝》（1995）獲頒葛拉夫麥爾宗教獎（Grawemeyer Award in Religion）。

引言

研究莫特曼神學的專家包衡（Richard Bauckham），稱莫特曼的創造神學為安息的創造論（a sabbatical doctrine of creation）。〔一〕毫無疑問，「安息」這觀念是理解莫特曼的創造觀一把很重要的鑰匙，正如莫特曼說：

> 在創造中安息的教義成為鑑定聖經創造觀的標記，將它從把世界視為自然這種解釋分別出來。正是安息把世界視為創造這種身分表露出來，安息同時也在聖化和祝福世界。〔二〕

華人教會一般多強調基督在十字架上犧牲以致個人靈魂得救的福音，卻輕視創造神學，或者根本不去深入瞭解救贖與創造之間的關係，更遑論去關心「安息」的神學與信仰的關連了。盼望本文能從莫特曼富啟發性的安息的創造論來填補這方面的不足。

創造與救贖的關係

從上帝觀出發，莫特曼指出我們並非敬拜兩位上帝，一位是創造主，另一位是救贖主，我們只有一位既創造又救贖的上帝。他又從三一論式的基督論出發，指出基督是聖父創造行動的中介者（mediator），祂是被造世界萬物的基礎，一切都本於祂，基督又是推動創造向前邁進的能力，當然也承擔起救贖整體受造世界的工作，總之負責救贖的基督同時也是負責創造的基督。基於此，創造與救贖就不是互不相干的兩件各自獨立的事件，它們甚至彼此相連而成為一體。〔三〕如此說來，教會所宣講的福音就真的不應只強調救贖觀而忽略創造觀了。

雖然創造與救贖息息相關，但莫特曼指出我們仍可分別從兩個不同的進路來思想它們的關係，他問：「究竟應該從創造的角度去理解救贖？抑或應該從救贖的角度去理解創造呢？」〔四〕若從創造的角度去理解救贖，則上帝在人類歷史開始時所完成的創造就已經是完美的，只不過由於人犯罪才使上帝完美的創造受到虧損，於是便需要基督在十架上救贖的恩典作出補救，以致在終末的時候能夠回復到原初人未犯罪之前的完美狀態。莫特曼卻捨棄這一想法而採取第二種進路，他從宇宙性終末論（cosmic eschatology）出發去思想「如何從救贖的角度去理解創造」這一問題。他主張起初的創造只是上帝創造的歷史之起點，這上帝的歷史惟有到終末萬物在新天新地的嶄新創造中才達到目標，而基督救贖工作帶來的就是整個世界（不僅是人的靈魂）的嶄新創造，終末才是創造的完成。不過這創造的完成並不含有結束的意思，終末反而是嶄新創造的開始，當然不是回到原初創造的起始點。基於此，終末並非時間上周而復始的循環，而基督徒的終末性盼望就是創造將來的榮耀（creation's future glory），那將來的新天新地或新耶路撒冷就是上帝榮耀的居所。〔五〕

創造與時間的關係

上帝的創造是從無到有（*creatio ex nihilo*）的，隨著創造的出現，世界的一切才出現，時間也如是，所以創造的開始也就是時間的起點。如果時間意味著變遷，則與時間共在的創造自然就不會是一個封閉的系統，而是一個不斷改變和朝向將來開放的世界，這個在時間中不斷變遷的受造世界（temporal creation），正在朝向將來而成為一個永恆的受造世界（eternal creation）。

不過對莫特曼來說，這種永恆並不是跟時間對立的非時間性的永恆（timeless eternity），卻是日期滿足的時候（the fullness of time）。故此，時間與永恆並不對立，時間反而是永恆臨在的應許，要進入永恆，就必須重視此世在時間中的創造。固然在日期滿足的時候，我們會看見一個新天新地或新耶路撒冷臨在，舊的天地和舊的事情都會過去（參啟二十一1～2、4）。這是一個嶄新的創造，不過莫特曼強調，這種「新」不是對「舊」的完全否定和對立，新的創造並非一個跟舊的創造完全斷裂的世界，留意聖經的描述：「我將一切都更新了。」（啟二十一5）「更新」說明了由舊到新、由時間到永恆均保持一種既斷且續的關係，而上帝的創造就在上述這種關係中邁向日期滿足的時候而完滿實現。〔六〕

安息在創造中的重要性

然而，上述這種強調時間之重要性的宇宙終末論式的創造觀跟「安息」又有何關係呢？莫特曼說：「在起初第一次創造時的安息，把這個世界與那將要來臨的世界連在一起。」〔七〕因此，若要回答上述的問題，首先需要明白安息在原初的創造裏扮演甚麼角色。

不少人都會將上帝整個創造的工作規限在頭六日之內，而且上帝造人的第六日更被視為整個創造的高峯，而上帝創造的工作正是停在這高峯之上，而第七日則是被上帝從六天工作中分別出來的「休息」時間，而「休息」和「工作」亦容易被視為兩種相反對立的存在狀態。按照這種解釋，好像安息日跟上帝的創造「工作」完全無關，這種重工作輕安息的觀點，最終只會形成一種以工作導向及產品導向（作為萬物之靈的人是上帝最精心傑作的產品）為核心的創造神學。

然而，莫特曼卻有不同的理解。首先，他認為頭六日和第七日存在彼此不能分割的關係，上帝由第一至第七日的作息，都應包含在上帝的創造裏面。而且，他認為經過頭六日的工作，上帝的創造尚未完滿，還要透過創造主的

「安息」、「歇工」去完成創造的工作；換言之，創造的「完成」或「完滿」（completion）必須包含「安息」在其中。〔八〕基於此，工作（頭六日）和安息（第七日）便有如下的關係：「我們發現安息日並非繼六日工作天之後而有的休息的一天；相反，整個創造的工作是為安息日的緣故而設的。」〔九〕安息或休息不但不是達致工作更有效率的手段；相反，安息才是整個創造工作朝向的目的，如此說來，惟有第七日這聖日（並非第六日）才是整個創造的高峯。

莫特曼認為，正是這原初第一次創造時的安息，把舊的受造世界和那將要來臨的新天新地連在一起，在起初創世時所設立的安息，正是將來終末性嶄新創造之完成的應許和預嘗。〔十〕然而，應許和預嘗了甚麼？按照莫特曼的解釋，安息最主要是應許和預嘗了上帝的臨在。不過上帝在起初創世時的臨在和終末嶄新創造時的臨在又有些不同。正如上文提過，原初第一次的創造是在上帝所定的聖日之安息中完成的，如果上帝頭六日的創造工作的焦點是那佔有空間的物質世界，則當上帝在聖日歇工而安息時，焦點卻從空間轉移到時間，亦意味著上帝從空間上與受造世界建立創造的關係，轉移到從時間上與受造世界建立同在的關係，祂在時間裏臨在或住在世界中，也讓世界住在上帝裏面，這種臨在也是永恆在時間中的臨在，而原初第一次的創造正是在這種時間的臨在中完成的。

至於終末時的嶄新創造，也同樣強調上帝的臨在：「我又看見聖城新耶路撒冷由上帝那裏從天而降……上帝的帳幕在人間。他要與人同住，他們要作他的子民。上帝要親自與他們同在，作他們的上帝。」（啟二十一2～3）不過終末嶄新創造的臨在所強調的卻不僅是時間上的臨在，同時也是上帝在空間（帳幕、聖城）上的臨在。〔十一〕上帝說有就有、命立就立，祂本來絕對可以一瞬間就創造完成這個佔空間的物質世界，但無論第一次的舊創造和終末的新創造，上帝卻選擇了在時間中臨在的方式來完成佔空間的物質世界的創造，惟有在日期滿足的時候，聖城新耶路撒冷才從天而降。

昔日上帝又為以色列人設立安息日和安息年，他們在歷史時間裏慶祝安息，每週的安息日超越自身指向安息年，安息年又超越自身而指向將來彌賽亞的年代（Messianic Era）。由耶穌基督從死裏復活那一天（那是七日的頭一日）起，代表救贖和新生命的創造的彌賽亞年代也正式開始，因此基督徒每週的第一天就是慶祝基督復活的日子，它是新的創造的第一天。故此，世上每一次的安息日和安息年，都是將來彌賽亞年代世界得到救贖和新的創造的預嘗。〔十二〕

安息神學的屬靈意義

既然安息才是整個創造工作朝向的目的，而且工作亦要加上安息才能使創造完滿。那麼，我們可以說，人生的目的不應只為工作，只有工作卻欠缺安息的人生仍是不完滿的。

然而，「安息」又是甚麼意思？是否單單指「休息」？按照莫特曼的理解，應該從創造主「歇了祂一切的工」這「行動」來理解「安息」的意思，他解釋「歇了祂一切的工」是指「上帝的安息是**從**祂所已經做完的一切工作中休止下來的安息。」（God's rest is a rest *from* all his work which he had done）[十三]意思是「在祂的安息中，祂擺脱工作的約束而得以自由（free from his works）。」[十四]所以「安息」跟「自由」有關。這裏所講的「自由」包括兩方面：第一，從創造主的角度來說，是歇下工作回歸自己的自由，當然並非回歸一種沒有被造世界、只有自己的自由，而是一種既在被造世界之中而又能抽離被造世界的自由。[十五]這也是一種既參與工作而又不受工作控制而回歸自己的自由，如此便是「閑適」的真正意思。第二，從被造世界的角度來說，當上帝從真正「安息」的生活，應該是一種使人能夠自由地回歸自己，回歸上帝創造的心意的生活。

自己的工作中自由地出來的時候，祂同時面對（in face of）祂所造的世界而享安息。意思是創造主不但創造世界，祂同時讓這有限的被造世界在上帝面前與上帝同在。如果上帝創造世界的工作僅有頭六日，便很容易變得世界好像被上帝完全決定及操控，但在安息日中，上帝透過「歇下」（free from）這個動作，令世界被賦予一種在上帝面前成為世界自己的自由，亦是讓萬物體驗及實現萬物之真正在其自己之自由。同時，當上帝在祂的工作中安息時，祂一方面住在（present or indwell）世界中，也讓世界住在上帝中。這樣，既能保持上帝與世界之間各自的空間和獨特性（particularity），同時亦維繫著一臨在的關係性。所以「安息」既是真正人性的體現，也是被造世界的本性的體現，在「安息」中，萬有的受造性得以完滿地體現。〔十六〕簡而言之，在「安息」中所體現的真正人性，其中一種最重要的特徵就是人與上帝、人與人、人與萬物所保持的一種既尊重他者的差異性，又維繫一種愛與和諧的關係。真正「安息」的生活，應該是一種使人能夠自由地回歸自己，回歸上帝創造的心意的生活。

此外，上帝祝福時間，聖化日子（參創二3），究竟有何目的和意義？我們又如何理解這受上帝祝聖的日子？根據聖經的記載，在第五、六日的創造工作裏，上帝其實也有祝福其他受造物（參創一22、28）。但按照莫特曼的解釋，兩者的祝福稍有不同：第五及第六日上帝是在工作或行動中祝福某些特定的受造物，而且因為受造物必然是佔空間的，所以對受造物的祝福可說是間接對空間的祝福；然而，上帝卻在第七日歇下工作的安息中祝福時間。若我們留意創世記一章22節及28節的記載，就會發現上帝祝福那些受造物的說話必然包括生養眾多的字眼，這是上帝給那些受造物生產能力的恩典；但對第七日的祝福，上帝卻賜給整個受造世界在寧靜的日子時間裏與安息的上帝同在，享受不用生產的恩典。事實上時間永遠在流動，有限的人存在於變動的時間當中，便總是在不停的生產中追逐，奔波勞累，不容易安靜下來。上帝卻祝福安息的日子，要我們學習在時間中回到上帝的安息裏，尋回生命中的平靜安穩，這是存在的核心，也是上帝給我們最大的恩典。而且第五及第六日的祝福只惠及某些特定的受造物；第七日對時間的祝福卻是具有普遍性的，因為時間的特性正是所有人都可以共享，一切回到在上帝的安息裏經驗這一天的受造物都享受到祝福。莫特曼又指出，在上帝的創造中，總是一對一對地出現：日與夜、天與地、光與暗、男與女諸如此類，為何獨不見安息的另一半？其實六個工作天就是安息的另一半，故此，上

帝祝福第七日就等於將祝福遍及其餘六日，再次說明祝福聖日所包含的普遍性意義。〔十七〕

上帝更稱安息的日子為「聖日」。莫特曼解釋，這說明了在以色列人的信仰傳統裏，上帝藉著聖化日子來表明時間比空間在受造世界的存在中更具優位性（priority），讓人曉得從時間、事件發生的次序、世代、歷史這種角度去看世界的存在。猶太教是時間的宗教，以色列人所信的上帝是永恆臨在於時間和介入歷史的上帝。故此，以色列人的上帝頒下禁拜偶像的誡命，因為真神是不會擁有佔空間的形象的。〔十八〕

這也說明了為何以色列人的信仰傳統這麼重視節期，這些節期有一個很重要的功能，就是提醒以色列人不可忘記那段救贖歷史中過去所發生的事件。上帝吩咐以色列人在曠野漂流時要守安息日其實也有這個用意。在申命記所記載的十誡中，就提到守安息日是為了記念出埃及那段救贖歷史的。回憶歷史本身可能也是對生命的一種救贖，用回憶去碰觸生命在時間中流逝的事件，也許能多一點認識自己生命的本相，何況是回憶上帝救贖的恩典呢！不過安息的聖潔基礎最終還是要回到創造事件的那一天，因此在出埃及記所記載的十誡裏，始終回到創造的故事作為守安息日的理由。基於此，安息日不但將創造和救贖連上關係，而且更以創造中的安息作為基礎。如果上帝透過放下工作而得享安息的自由，則我們也應該以同樣的存在方式去獲得自由。生命最大的自由，不是倚靠人為的工作和努力就能爭取得到的；生命的救贖與成聖惟獨倚靠上帝的恩典，單單透過上帝的臨在而跟萬物和諧共處，就可達到，這種在愛裏得享的自由純粹是上帝的恩賜，難怪安息的教義會被視為猶太人稱義的教義。〔十九〕

註釋：

莫特曼：安息是創造的完成

〔一〕除此之外，包衡（Richard Bauckham）也稱莫特曼的創造論為「生態性創造論」、「三一論式創造論」和「彌賽亞式創造論」。參 Richard Bauckham, *The Theology of Jürgen Moltmann* (Edinburgh: T&T Clark, 1995), 183~190。

〔二〕Jürgen Moltmann, *God in Creation: An Ecological Doctrine of Creation* (London: SCM Press, 1991), 276.

〔三〕參 Moltmann, *The Coming of God*, 259；另參 Jürgen Moltmann, *The Way of Jesus Christ: Christology in Messianic Dimensions* (Minneapolis: Fortress Press, 1993), 286~287。

〔四〕Moltmann, *The Coming of God*, 261.

〔五〕參 Moltmann, *The Coming of God*, 261~264。

〔六〕參 Moltmann, *The Coming of God*, 264~265。

〔七〕Moltmann, *The Coming of God*, 266.

〔八〕參 Moltmann, *God in Creation*, 277~280。

〔九〕Moltmann, *God in Creation*, 277.

〔十〕參 Moltmann, *The Coming of God*, 264。

〔十一〕參 Moltmann, *The Coming of God*, 265~267。

〔十二〕參 Moltmann, *God in Creation*, 6~7。

〔十三〕Moltmann, *God in Creation*, 278.

〔十四〕Moltmann, *God in Creation*, 278.

〔十五〕參 Moltmann, *God in Creation*, 278~279。

〔十六〕參 Moltmann, *God in Creation*, 279~280。

〔十七〕參 Moltmann, *God in Creation*, 281~283。

〔十八〕參 Moltmann, *God in Creation*, 283~284。

〔十九〕參 Moltmann, *God in Creation*, 284~286。

後記

閱讀、書寫、思考與實踐安息

從二〇〇七年八月一日開始，我有整整一年的安息年假期，在原訂的寫作計劃裏，本來打算寫一部關於巴特（Karl Barth）神學的書。但安息年假期開始了兩、三個月之後，便決定將研究巴特神學的計劃暫時擱置一旁。因為心裏逐漸形成另一個念頭：心想何不索性在安息年假期裏，一面實踐安息的生活，一面思想休閑文化與安息神學這個課題？對我來說，思考不應抽離實踐，而且最能幫助我思考的方法，固然亦離不開閱讀和寫作。於是過去差不多大半年的時間，我就是這樣地不斷閱讀、書寫、思考與實踐安息。因此，這部文集內的文字，可算是記下了我走過這段安息之旅所留下的痕迹。在旅途上的人，欣賞和享受過沿途風光之後，明白旅程始終會有終點，某一段旅程畢竟還是要終結，然後才能開始另一段生命之旅。今天是安息年假最後的一天，我刻意選擇要在這天完成這篇後記，亦算是對這部文集和剛過去的安息年的生活做一個總結，好讓我以此來迎接新一段旅程的臨到。

在安息年的日子裏，過著的是平淡和規律的生活，別人看來，甚至可能會覺得很沉悶和枯燥。然而，安息的操練，豈不就是要我們甘於平淡，服從規律，回歸簡樸嗎？在過去一年的日子裏，我學習放下平日忙碌的事工和容易令人分心的生活，長時間聚精會神地只做一兩件事情。透過閱讀和寫作，學習投入當下的存在，讓心定下來，心靈專注，思想沉澱。然而，實際上閱讀時經常會心不在焉，既然分心，便讀得不夠深刻，如水過鴨背，不少書本文章，讀後總是很快便會忘記。不得不承認專注是不容易學習的屬靈操練，可能由於平日心靈已習慣了被過量的事工和生活瑣事所佔據，又完全適應了快速和有效率的生活節奏，反而分心已成為生活的常態。事實上心靈被過多事物佔據，便不能專一，彷彿在人生旅途上要匆匆趕路，只能如走馬看花般讓它們擦身而過，沿途風光頓變成浮光掠影，彼此僅能打過照面，到頭來反而捉不住任何事物，更遑論怎樣深刻思考和細味人生。分散而不能聚焦的心靈，好像一面由大量碎片拼貼而成的鏡子，反映出那零散破碎的現代人生活，以及欠缺焦點與深度的人生。安息的屬靈操練，就是要學習放下一切因忙亂工作與生活而造成的分心，不再無休止地讓過多的事物佔據和牽動心靈，讓浮躁不安的心，能夠定下來，靜下來，專注，投入，得享安息。

肉身疲累，固然需要休息。但大腦疲乏，卻不一定需要它停止工作，有時抱著悠閑心情讀一兩本閒書，看一兩齣感人至深及發人深省的電影，也未嘗不是讓大腦休息的好方法。尤其當我感到思想枯乾的時候，反而不會讓大腦休息，甚至刻意選擇一些較理論性、較嚴肅和難啃的書來讀，既可鍛煉意志，又可擴闊思維的空間，刺激思考，讓腦筋更加靈活。事實上，忙於工作、娛樂至死和被太多事情佔據的人是沒有時間和空間來沉思的，惟有在閑靜與安息的生活中才能容易做到。故此，在安息年的日子裏，我可以歇下了一切的工，好讓大腦能更專注地工作。我愈來愈認定，這種在閑靜與安息中進行的大腦活動，是一種哲學上的沉思或基督教式默觀的精神活動，能幫助我們觀照人世間的真理與美善，是回歸本真生命、獲得心靈自由其中一種最佳的途徑。

自由，本以為是天下人共同追求的人生理想和目標，但更多時候，我發現自己和很多人一樣，反而愛逃避自由，束縛自己。多少時候，以為生命愈能超越更多的限制，愈有成就，愈能擁有更多，佔據更多，操控更多，就愈有自由，往往更以為工作就是通向上述目標最方便的途徑。就算明知這些都是使自我陷溺的迷思，可惜始終執迷不悟。誠然，生命最大的問題和苦惱，不在於人生有太多限制和束縛，卻在於不能分別那些是我們生來本然的限制，那些是由於自己慾念的強求而加諸於自身的束縛。除非能夠從紛亂的生活中撤退出來，放下忙碌的工作，才能讓在外流徙、漂泊不定的心靈可以定下來，在安靜、專注、默觀的屬靈操練中，回歸生命的根源，安息在上帝懷中，與造物者同遊，感悟存在，觀照真實的自我，沉思宇宙人生的智慧，享受上帝應許在安息中得自由這份人生最寶貴的禮物。

盧雲說得好，存在比工作或行動更重要。難怪上帝第六天向人頒布管理大地的召命之後，馬上定第七天為安息的日子，上帝和人都歇下一切的工作，人跟上帝同在，與造物者同遊，其實真正的存在就是人生要完成的最大使命；管理大地的神聖使命亦不外如此，無非就是跟大地和諧共處。不得不承認，現代人可以耗盡生命在忙碌的工作之上，卻忽視存在的重要性，也愈來愈少談使命，甚至有時更會以忙碌的工作作為逃避使命的借口。難怪盧雲曾說：「處於忙碌中，會使我們遠離我們真正的召命。」也許這是將存在與行動，以及使命與工作過度割裂所造成的後果。我亦承認，多少時候，也會認為工作比存在重要，甚至以此作為藉口，來逃避跟上帝、家人和在生命旅途中相遇的人同在。我心裏其實明白，上帝在創世之初，呼召人承擔的是管理大地的職分，它不僅是一份工作，同時也是跟大地和諧共處的神聖使命，存在與行動，使命與工作，本來是合而為一的事情。只是始祖犯罪之後，人和世界的存在出現問題，工作和使命開始分裂，勞苦的工作是原罪的後果，似乎有別於原初神聖的使命。感謝上主和神學院，給我一年安息年假期，在這段日子裏，讓我重新領受和體會上帝真正的召命，明白存在比工作更重要——儘管我還是有失敗的時候，學得不好，經常有負上帝所託。

最後，不得不感謝基道出版社願意出版這書，衷心多謝編輯梁冠霆博士及其他同工給予的意見和在製作本書時所付出的努力，更感謝蔡貴恆牧師在百忙中為拙作賜序，願將此書呈獻給安息日的主。

趙崇明

二〇〇八年七月三十一日寫於馬灣

SALON
东方红

安息這屬靈操練，
就是要城市人學習放下一切因忙亂的工作與生活而造成的分心，
不再無休止地讓過多的事物佔據和牽動心靈。

緊扣時代 服事教會

以文字傳揚基督真道

讀者意見表

衷心多謝你購買本社書籍。本社一直致力以出版事工服事教會，幫助信徒扎根於神的話語，促進靈命增長。為使我們的出版更能滿足你的需要，請填寫下列各項資料，並寄回或傳真予本社。

所購書籍：____________________

本書最吸引你的地方：

□作者　□適切性　□文筆　□設計　□實用性

□其他：____________________

購買本書地點：

□基道書樓　□基督教書店　□非基督教書店

性別：□男　□女　職業：____________

信仰：□基督徒　□非基督徒

年齡：□ 16 歲或以下　□ 17～25 歲　□ 26～35 歲

□ 36～55 歲　□ 56 歲或以上

學歷：□中三或以下　□中五　□預科

□大學　□研究院

□我欲更多了解基道出版社的事工及考慮支持，請寄給我下列資料：

□機構簡介　□新書資料　□基道會員通訊

□《基道文字事工通訊》

姓名：____________ 電話：____________

地址：____________________

____

傳真：____________ 電子郵件：____________

其他意見：____________________

____

多謝賜教！

意見表可以傳真（2687-0281）或直接郵寄以下地址：
香港沙田火炭坳背灣街26號富騰工業中心1011室
基道出版社編輯部收